The First Book◉A Shinto Shrine and a Festival

知識ゼロからの神社と祭り入門

A Shinto Shrine and a Festival★Naka Uryu

瓜生中

幻冬舎

▲早春の下鴨神社——紅梅が咲き誇る

▲伏見稲荷大社。「千本鳥居」の景観

▲上賀茂神社と立砂

▲賀茂神社の葵祭。古式ゆかしくとり行なわれる

▲大神神社とその背後の三輪山

▲北野天満宮

▲奉納された絵馬

▲錦秋の談山神社。紅葉に彩られる社殿

▲八坂神社の楼門

▲おけら詣《まいり》は楽しい

▲冬の春日大社。壮厳な雪景色

知識ゼロからの
神社と祭り入門

はじめに

古寺社を巡ることが大流行している。もちろん、昔から古寺社巡りは盛んで、日本人は古寺社に参詣するのがすこぶる好きである。しかし、古くから行なわれてきた古寺社巡りは、講中《こうじゅう》などの信仰の集団を中心にしたもので、社寺にさまざまな祈願をして、御利益《ごりやく》にあずかることを第一の目的にしたものだった。

ところが、いま流行《はや》っている古寺社巡りは、かつての日本人がしてきたそれとは、かなり様相が違う。もちろん、現代でも昔と変わらぬオーソドックスな古寺社巡りをする人も多い。しかし、それとは別に、社寺の歴史や、建物、神話などに興味を持ち、旺盛な知的好奇心を抱いて社寺を巡る人々が急増している。

本書は、そういう新しい古寺社巡りをする人たちのために企画したものである。神社の見どころや歴史、祭事のさまざま、参拝の基礎知識などを豊富な写真やイラストを交えて、分かりやすく解説したものである。

第1章では、神社とはいったいどういう場所なのかということを、神社成立の歴史をたどりながら簡潔に述べた。第2章では、神社の参拝の仕方を具体的に述べ、第3章では神社の建物について、第4章では境内の見どころについて解説した。伊勢神宮や出雲大社をはじめとする神社の社殿にはそれぞれ独特の様式があり、見どころの一つである。また、神社の境内にも鳥居や狛犬《こまいぬ》、注連縄《しめなわ》などさまざまな見どころがある。これらのいわれや意味を知って境内を散策すれば、神社巡りはより楽しいものになるだろう。

第5章では神社の主役である神々を扱った。もちろん、日本の神をすべて取り上げることはできないが、主要な神の出自や神話などに触れることによって、日本の神々のアウトラインをご理解いただけると思う。そして、第6章はその神々が主役である祭りと神事について、全国各地で行なわれる膨大な数の祭りの中からいくつかに説明を加えた。第7章では、各地の神社や神にどんな御利益があるかについて述べた。第8章は、神社や神々にまつわる雑学的な話題を、興味深く掘り下げてみた。知的好奇心をさらに満たしていただけると考えている。そして、第9章では伊勢神宮を例にして、神社巡りのポイントを分かりやすく述べた。最後の第10章では全国の主要神社、九十三社を紹介した。冒頭の「一度は参ってみたい古社ベスト10」は、特にお薦めする神社である。それぞれの神社の所在地やアクセスも明記したので、大いに活用していただきたい。

本書を手がかりに、より楽しく、有意義な神社巡りをしていただければ幸いである。また、本書の姉妹編『知識ゼロからのお寺と仏像入門』も併せてお読みいただければ、神社仏閣の全貌がお分かりいただけると思う。

二〇〇三年　初春

瓜生　中

知識ゼロからの神社と祭り入門……目次

第3章◎神社建築の鑑賞ポイント

第4章◎神社の境内は癒しの空間

第5章◎神々の深遠なルーツ

第6章◎楽しい祭礼と厳かな神事

第7章◎神社の開運御利益ノート

第8章◎神社の博学こぼれ話

第9章◎日本の神社の代表ブランド

第10章◎参拝ガイド――全国神社巡り

第1章

昔も今も神社は聖域

神社は神々が降臨する場所

日本全国には十万を超える神社がある。伊勢神宮や出雲大社のような立派な社殿を構えた由緒ある神社もあれば、村里にひっそりとたたずむ小さな社《やしろ》、あるいは、民家の庭先やビルの屋上にまつられたお稲荷《いなり》さんもある。

規模の大小を問わず、これらの神社はみな神が降りてくる神聖な場所だ。だから、神社の回りには注連縄《しめなわ》を張りめぐらせたりして、聖域と俗界を厳格に区画する。つまり、神が降臨する神聖な場所に穢《けが》れ（注1）が入り込まないようにするのである。

人々はそのような神聖な神社に神を迎え、ありったけのご馳走を作り、神楽《かぐら》を演じたりして神をもてなしてきた。これが祭りの起こりで、祭りを行なうのは神の御利益《ごりやく》にあずかるためである。そして、古来、日本では神々を丁重に迎えて喜んでもらえばもらうほど、御利益が大きいと考えられてきた。神々を迎えて、楽しい一時を過ごしてもらうための空間——それが神社の原点なのである。

このような神社の原点は現代でも色あせることなく、各地の神社では昔と同様、盛大に祭りが行なわれている。

注1　神道で最も忌み嫌われるもので、神社の神域に穢れを持ち込むとさまざまな災いがあると考えられている。具体的には死者や病人に接したり、獣肉を食べたりすること。ケガレの語源は「気枯れ」で、ケ（気）が枯れた状態であるともいう。

古代の神社に建物がなかった理由

日本の神は山上や、御神木《ごしんぼく》といわれる特定の樹木、鎮守《ちんじゅ》の杜《もり》などに降臨すると考えられていた。だから、古くは神社には社殿がなく、山上や鎮守の杜などがそのまま神社になった。しかし、時がたつにしたがって、大切な神々には、それにふさわしい家が必要だと考えられるようになり、伊勢神宮や出雲大社に見られる荘重な社殿が造られるに至った。

▲大神神社——はるかに三輪山を望む

現在でも奈良の大神《おおみわ》神社や和歌山の那智大社《なちたいしゃ》には、参拝のための拝殿《はいでん》だけがあって、神をまつる本殿がない。前者は背後の三輪山《みわやま》が、後者は有名な那智の滝が御神体《ごしんたい》になっている。このように本殿を持たない神社は全国に少なからずあり、古代の神社の面影を現代に伝えている。

また、規模の大きな神社の境内《けいだい》には、数メートル四方の玉砂利《たまじゃり》を敷いた区画を設けて、漬物石ぐらいの石を並べて囲った場所が見られる。外側には注連縄を巡らし、中央にはケルンのように石を積み上げてある。これを磐境《いわさか》などと呼び、祭りや神事を行なうときには積み石の上に榊《さかき》を立てて神を迎える。これは古代の神社の姿を再現したものである（注2）。

▲神は磐境に降り給う

注2　もともと山中の巨石などを磐座《いわくら》といい、そこに神を招いて祭りを行なっていた。そして、祭りが繰り返されるうちに、その巨石自体が神聖視されるようになった。磐境はこのような古代祭場を模して、人工的に作られたもの。

御神体《ごしんたい》と神さまは同じものなのか

たとえば、伊勢神宮は八咫鏡《やたのかがみ》、名古屋の熱田《あつた》神宮は草薙剣《くさなぎのつるぎ》を御神体としてまつっている。御神体は本殿の中に厳重に鍵をかけてまつられているため、一般には祭神《さいじん》と同一視される。しかし、これは誤りで、御神体は神さま自体ではない。

日本の神は目に見えない存在で、御神体はその神が依《よ》り付くものだ。その意味で依《より》代《しろ》、御魂代《みたましろ》とも呼ばれる。

つまり、神霊が依り付いて、その代わりになるものということである。御神体としては鏡や剣、勾玉《まがたま》などが代表的なもの。だが神社によってさまざまで、円形の石やアワビの殻などをまつっている神社も少なくない。

▲御神体としての八咫鏡

いま述べたように御神体は神そのものではないが、神と同じく神聖視される。だからどこの神社でも、宮司《ぐうじ》などのごく限られた人だけがこれを拝むことができる。しかも、そうした人たちでも、その機会は一生に一度か二度であるという。

ちなみに、出雲大社の御神体などは歴代の宮司すら拝むことができなかったといい、古くから御神体が何であるかが噂されてきた。しかし、江戸時代に松江城主、松平直政《なおまさ》が神殿を無理に開けさせたところ、奥に大きな九穴《きゅうけつ》（穴が九つある）のアワビが鎮座していたという（注3）。そのアワビが、みるみる一〇尋《ひろ》（約一八メートル）の大蛇になったと伝えられている。

▲霊気ただよう御神木

注3　このほか、海や川の水で削られた丸い石、サメなどの大型の魚の歯なども御神体としてまつられる。

神社と大社、神宮はどこがどう違うか

神社というのは文字どおり、神の社《やしろ》の意味である。そして、ヤシロは屋代で、屋は「家」の意味、代は「代わり」の意味だ。つまり、古くは神が降臨したときに榊などを立て、これを家の代わりにしたことから屋代と呼ばれ、後に「社」の字があてられた。こうした経緯を経て、神の住処《すみか》を神社と呼ぶようになった。

また、神社の中でもとくにパワーのある神をまつるものが大社《たいしゃ》だ。出雲大社など日本の神を代表する神をまつる神社が大社と呼ばれる。そのような神は「大神《おおがみ》」といい、大神をまつる神社は大神社《おおがみのやしろ》という。これを略して大社と呼ぶのである。

さらに、神宮《じんぐう》は神の宮、つまり宮殿のことである。ミヤは「美家」の意味だといい、とくに豪華な家を指す。つまり、天皇が住む立派な家がミヤで、そのような家に住むのにふさわしい神は天皇家の皇祖神で、日本の祖神《おやがみ》でもある天照大御神《あまてらすおおみかみ》だ。だから、神宮というのは、古くは天照大御神をまつる伊勢神宮にだけ許された名称だった。しかし、時代が下ると熱田神宮や石上《いそのかみ》神宮のごとく、伊勢神宮以外にも用いられるようになったのである。

稲荷神社と八幡神社はなぜ数が多いのか

俗に「八幡稲荷八万《はちまんいなりはちまん》」という。全国にはお稲荷さんと八幡さまが、それぞれ四万社ずつ、合計八万社あるという意味だ。神道では、神霊は分割することができる（注4）と考えられている。ちょうど種火から火をもらってくるように、元の神霊をもらってきてまつるのである。そして、もらってきた火が別の場所で燃え盛るように、神霊も御利益を発揮するのだ。

八幡さまの大本は大分の宇佐《うさ》神宮、お稲荷さんの大本は京都の伏見稲荷大社だ。たとえば、京都の石清水《いわしみず》八幡宮は宇佐神宮を勧請《かんじょう》（神霊を移してまつること）したもので、鎌倉の鶴岡《つるがおか》八幡宮は石清水八幡宮を勧請したもの。大本の神霊をもらって各地にまつった結果、全国にはたくさんの八幡社や稲荷社が出現したのである。

また、浅間《せんげん》神社や諏訪《すわ》神社、住吉《すみよし》神社なども全国に点在している。浅間神社は静岡の富士山本宮《ふじさんほんぐう》浅間神社、諏訪神社は長野の諏訪大社、住吉神社は大阪の住吉大社がルーツだ。このほかにも熊野《くまの》神社や白山《はくさん》神社など、同名の神社は数多い。これらの神社もそのルーツとなる神社の神霊を分けてまつったもので、同じ祭神《さいじん》をまつる。日本に

注4　これを分霊、または別御魂《わけみたま》という。神霊はいくら分割しても同じパワーがあると考えられている。

は膨大な数の神社があるが、それらのほとんどは祭神によっていくつかの系統に分類できる。

そして、これらの神社が各地に勧請されたのは、商売繁盛を最大の御利益とするお稲荷さんのように、その神霊の御利益が多くの人々の望みにかなっていたからだ。

▲伏見稲荷大社

▲石清水八幡宮

コラム① 神社建築の原点を示す簡素な建物

古くは神社には社殿がなく、祭りのたびに仮設の簡素な建物を造って神を迎えていた。時代が下ると常設の建物が造られるようになり、伊勢神宮や出雲大社に見られるような立派な社殿が出現したのである。現代でも神社の中には、古代の社殿を偲《しの》ぶことのできるものがいくつか残っている。

たとえば、奈良・春日大社の若宮《わかみや》の祭礼のときに建てられる「お旅所《たびしょ》」である。お旅所というのは、神霊が御輿《みこし》に乗って渡御《とぎょ》するさいに、しばらく鎮座するところだ。

現在では、テントなどを張って祭壇を設け、御輿をまつる台を備えたものを祭りのときによく見かける。春日大社の若宮のお旅所は皮付きの檜《ひのき》の柱を使い、屋根を草葺にした簡素なもので、古代の神社の姿を彷彿《ほうふつ》させる。

京都の野宮《ののみや》神社は黒木《くろき》鳥居《とりい》という、やはり皮付きの檜をそのまま使った鳥居があることで有名だ。ここは平安時代、伊勢神宮で天照大御神に仕える斎王《さいおう》の御所《ごしょ》があったところである。斎王は伊勢に出仕する前にこの地に仮の宮殿を建てて、二年間の潔斎《けっさい》生活をした。簡素な仮の宮殿の名残が黒木鳥居に見られる（第9章二〇五ページを参照）。

このような樹皮がついたままの木材を使う建物を黒木造《くろきづくり》といい、古代の建築には多用されていた。天皇が行幸《ぎょうこう》（旅に出ること）するときには、行宮《あんぐう》という仮の御所が建てられる。これも古くは黒木造だったという。

一時的にしろ、天皇が粗末な黒木造の建物に住まうのは合点が行かない。しかし、天皇は高天原《たかまがはら》の支配者の直系の子孫である。そこで神の子孫にふさわ

▲多賀大社のお旅所

しく、神社の原形と思われる簡素な建物に滞在したのだ。

さらに、天皇が即位したときには大嘗祭《だいじょうさい》が行なわれる。

これは新天皇が即位してから最初に行なわれる新《にい》嘗祭《なめさい》で、この祭りを通して天皇の地位が正式に認められる。一連の即位儀礼の中でもとくに重要な祭りで、宮城内にさまざまな儀式用の建物が造られる。この場合も、それらの建物には皮付きの黒木柱が使われる。

ちなみに、最近では平成二年（一九九〇）に大嘗祭が行なわれた。このとき宮中には、古式に則って黒木柱の建物が造られた。

大嘗祭の建物に黒木柱が使われるのは、やはり神の子孫である天皇が、そこで一時を過ごすためである。

コラム② 神はどんなところに降り立つのか

古くは、神は祭りなど特定の日に天上から降りて来ると考えられていた。神は山や山中の岩石、樹木、あるいは鎮守の杜などに降りて来ると信じられ、祭りの日にはそこに祭壇を設けて神の降臨を祝った。

前にも述べたが、このような神が降臨する山や樹木、岩などを依代《よりしろ》という。後には、この依代自体が神聖視され、御神木、御神体などと呼ばれて崇拝の対象になった。奈良の大神神社は背後にそびえる三輪山を、和歌山の那智大社は那智の滝を御神体としているが、これも古代の依代の名残である。

『古事記《こじき》』などの神話には、天照大御神が天岩戸《あまのいわと》に隠れたときに、天太玉命《あめのふとたまのみこと》という神が高天原の常磐《ときわ》木《ぎ》（常緑樹）を根こそぎ抜いて依代にしたと記されている。後には神前に常磐木を立て、これを神籬《ひもろぎ》と呼んだ。下に荒筵《あらむしろ》を敷き、その上に案《あん》（机）を置き、中央に榊を立てる。榊の枝からは木綿《ゆう》（楮《こうぞ》の皮を蒸して繊維にしたもの）を下げる。現在でも神社の祭礼などのときには、このような神籬が見られる。

また、神は山中に露出した岩などに降臨すると考えられ、これを磐座《いわくら》と呼んだ。磐座とは神の鎮座する場所の意味だ。後には、神社の境内に岩石を積んだケルンのようなものを作り、周囲に石を並べて聖域として区画し、磐境《いわさか》と称した。

なお『古事記』は、八世紀の初めに編纂《へんさん》された、日本最古の歴史書である。天地開闢《かいびゃく》から第三十三代の推古《すいこ》天皇までの、神話や伝説、歴史を年代順に記したもの。同時代に編纂された『日本書紀《にほんしょき》』とともに、日本の古代史を知る上で重要な資料だ。ただ、全体としては神代の時代から続く天皇の正統性を強調するもので、史実とは認めがたい内容も多い。

第2章

神社参拝の勘どころ

鳥居をくぐるときの心がまえ

神社を訪れて、私たちがまずくぐるのが鳥居である。鳥居は、神のいる聖域とわれわれ人間の住む俗界を区画する重要なものだ。鳥居の前に立ったら、軽く会釈をし、神に敬意を表してからくぐる。帽子をかぶっている場合は脱帽する。さらに、神社を出るときも鳥居をくぐったところで、社殿の方を向いて一礼するようにしたい。

また、規模の大きな神社では、本殿に遠い方から一の鳥居、二の鳥居などと続く場合がある。本来は一の鳥居から順に会釈をして、くぐって行くべきだが、一の鳥居が本殿から離れている場合は、いきなり二の鳥居や三の鳥居から入っても良いだろう。また、神社によっては神門《しんもん》という門を構えているところも少なくない。この門の前でも一礼を忘れないことだ。

喪中《もちゅう》のとき（注5）には鳥居をくぐってはいけない。これは神社は神聖な場所であり、神さまはとくに死の穢《けが》れを嫌うためだ。やむをえず参拝するときには、鳥居の脇から入っていくようにする。ただし、喪中の間は神社への参拝を避けるのが、古くからの習わしである。

注5　一般には親・兄弟などが亡くなってから１年間を喪中とし、不幸があった翌年の正月は初詣などを慎む。一周忌を機に喪があける。

神社にはなぜ手水舎《ちょうずや》があるのか

どんな神社でも、鳥居をくぐったところに手水舎と呼ばれる施設、あるいは設備がある。ここには水盤が置かれ、参拝に先だち身を清めるようになっている。

神社は神が鎮座する神聖な空間で、神道では何よりも穢れを忌み嫌う。本来は禊《みそぎ》（注6）といって、海や川につかって全身を清める。だが、神社に参拝するたびに、そこまではできない。そのため、せめて手と口だけを清めて簡単な禊をする。簡単とはいっても、真心を込めて丁寧に洗えば、全身を清める禊と同じ効果がある。

まず右手に柄杓《ひしゃく》を持って左手を洗い、柄杓を持ち替えて右手を洗う。さらに、右手に柄杓を持ち替え、左手で水を受けて口をすすぐ。このとき、柄杓に口を直《じか》につけるのは厳禁。その後、もう一度左手を洗い、柄杓を戻して手を拭く。

また、連れがいる場合は、その人に水を汲んでもらって両手を洗い、両手で水を受けて口をすすぐ。

▲手水を使う

注6　神に接するときには欠かすことができない儀式。今でも、重要な祭りや神事の前には、神職や氏子の代表が禊をして身を清める。

正しい拝礼の仕方とは？

拝殿の前に着いたら、まず鈴を鳴らし、賽銭《さいせん》をあげる。そして、二拝二拍手一拝《にはいにはくしゅいっぱい》する。鈴には魔除《まよ》けや清めの意味があるといわれ、これを鳴らすことによって穢れを祓うのだ。鈴は静かに一回だけ鳴らす。賽銭には神へのささやかな貢物《みつぎもの》の意味がある。金額の多少によって御利益《ごりやく》に差はないので安心していただきたい。十円から百円程度がふつうだが、神社にご縁があるようにと、五円玉をあげる人も多い。

次に二拝二拍手一拝。二度深々と頭を下げ、拍手《かしわで》を二回打ったあと、再び深く頭を下げる。このとき清めの言葉を唱える（注7）。拝は身をかがめて畏《かしこ》まり、神への敬虔《けいけん》な気持ちを表わす行為である。また、拍手を打つのは、崇高な神に出会った喜びを表わすといわれている。拝も拍手も神への最大限の敬意を表するのだから、できるだけ厳かに行なうようにしたい。

ただし、初詣や例祭などで混み合っているときには、鈴を鳴らし、賽銭を上げて二拍手をするだけで簡単に済ませるべきだ。

▲拍手を打つ

注7「祓いたまえ、清めたまえ、神《かむ》ながら守りたまえ、幸《さきわ》いたまえ」という言葉を小声で唱える。

お祓《はら》いの受け方とは？

神社では、たとえば厄年《やくどし》のお祓いや七五三の祈願など、さまざまなお祓いや祈願をしてくれる。そうしたことは、すべて拝殿で行なわれる。拝殿で参拝するときには、次のような点に注意したい。

まず、拝殿に入ったら終始、心掛けなければならないのは無言で頭を低くすることだ。静粛を保って、神に敬意を表するためである。

初めに神職の案内で神前に着席し、祝詞《のりと》が奏上《そうじょう》される（読み上げられる）。祝詞は神に捧げる大切な言葉で、お祓いをまっとうし、祈願を成就させる霊力があると信じられている。したがって、祝詞奏上の間は頭を低くして畏《かしこ》まって聞くようにする。

祝詞奏上が終わると、神職が祓い棒（ハタキのようなもの）を左右に振って、お祓いをしてくれる。このときには、いっそう頭を低く垂れるようにする。次に神前に玉《たま》串《ぐし》を捧げる。これを玉串奉奠《ほうてん》という。玉串は神への供え物で、これを捧げることで神との関係が深まるとされている。

神前に進んで、神職から受け取った玉串を時計回りに半回転させ、案《あん》という机の上に静かに供える。このとき、根元の方を神様に、葉の方を手前に向けて置くようにする決まりになっている。

玉串奉奠のあとは、かわらけ（小皿のようなもの）に御神酒《おみき》を頂く。神に供えてあった御神酒を頂くことで、神との距離がより近くなり、その結果として願いごとも聞き入れられる。御神酒を頂くことはお祓いを受け、祈願を成就するための重要な儀式なのである。なお、奈良漬でも酔う人は御神酒をいただく形だけを真似るか、あらかじめ神職に相談すれば、代用のものを用意してくれることもある（注8）。

▲拝殿でお祓いを受ける

一連の儀式は十五分から二十分程度で終わる。それによって、神はさまざまな願いごとを聞き届けてくれるのである。なお、お祓いは社務所に申し出れば、たいていの場合は受け付けてくれる。初穂料《はつほりょう》（費用）は、ふつう一件の願いごとにつき五千円程度が相場だ。いずれにしても、願いごとはあまり欲張らない方が御利益がある。

注8　七五三などで、子供がお祓いを受けるときには砂糖水などが用意されていることもある。

コラム③ 玉串《たまぐし》の起源とは何か

神への捧げ物のことを総称して幣帛《へいはく》（「みてぐら」）と呼ぶ。代表的なものに玉串、御饌《みけ》（神饌《しんせん》）などがある。もともと神宝《しんぽう》といわれる貴重なものや高価な布地、山海の珍味などを捧げたが、後には玉串を捧げることが一般的になり、近代になってからは幣帛料《へいはくりょう》、玉串料《たまぐしりょう》などといって金銭を奉納することも普通になった。

玉串は榊《さかき》に紙垂《かみしで》（もとは楮《こうぞ》の皮から作った糸を束ねた木綿《ゆう》を用いた。後には、細長い紙に切れ目を入れ、交互に折った紙を使って紙垂というようになった）をつけたもので、紙垂は神の衣、榊は神の繁栄の象徴だ。これを神前に捧げることで神への恭順《きょうじゅん》な心を示し、神との一体感を確認するのである。

『古事記』の天照大御神の岩戸《いわと》隠れの段に、「天の香具山の五百箇真賢木《いほつまさかき》を根こじにこじ」て、枝に八咫鏡《やたのかがみ》や勾玉《まがたま》、木綿と麻布《あざぶ》などをかけ、岩戸の前に立てたという記述がある。五百箇真賢木は枝葉の生い茂った常緑樹である。

また『日本書紀』には、同じ岩戸隠れの段に「真《ま》坂木《さかき》の八十《やそ》玉籤《たまぐし》」とあり、これも常緑樹に木綿などをつけたものと考えられている。これらが玉串の起源を示しており、もとは常緑樹を根こそぎ抜いて地上に立て、神の依代《よりしろ》にしたのである。古代の玉串はこのように何とも豪快なものだったのだ。しかし、後には榊などに木綿や紙垂をつけて幣帛としたのである。

玉串には一般に榊が使われる。これは神のいる聖域と人間が住む俗界を隔てる木、すなわち両界の境に立てることから「境の木」が転じてサカキになったと考えられている。先に述べた「記紀」に見える

▲玉串

「真賢木」と「真坂木」はこの意味である。

後にこのサカキ（境の木）が神に関係が深いということから木偏に神と書いてサカキと読ませ、「神の木」あるいは「神に捧げる木」という意味を持たせたものと考えられる。

このような神域と俗界を隔てる木は、古くからしばしば神話などにも登場する。そこでは一般に「常磐木《ときわぎ》」、すなわち常緑樹とだけ記されている。したがってサカキ（榊）はもともと固有の植物名ではなかった。また、この神聖な神の木に常緑樹を用いるのは、神徳が枯れることなく永遠に続くことを意味する。

ところで、神前には木の棒に紙垂などをつけた幣《へい》（ぬさ）、御幣《ごへい》と呼ばれるものがある。これは玉串の前身で、幣帛として用いられる場合と、お祓いに用いられる場合がある。つまり、神職がお祓いに用いるのが御幣である（第4章八〇ページを参照）。

コラム④ 神前で拍手《かしわで》を打つ訳

神社に参拝するときには、必ず拍手《はくしゅ》をする。これをカシワデ、平手《ひらで》などと呼んでいる。

拍手《かしわで》は日本古来の拝礼作法の一つで、三世紀の中国の史書『魏志倭人伝《ぎしわじんでん》』にも、日本人が高貴な人に対しては手を打って敬意を表していたことが記されている。

もともと拍手は、喜びの感情を表わすものである。そこから、天皇をはじめとする高貴な人に対するときの喜びを表わす自然な表現が、敬礼の作法として定着したと考えられる。

そして、神は天皇をしのぐ高貴な存在であるため、神前で拍手を打つということが神社参拝の作法となったのである。また、現在でもよく行なわれる「一本じめ」や「三本じめ」なども、神前での拝礼の作法に由来するものだ。一つのことが成就したのを神に感謝する意味が込められていると考えられる。

拍手のことをカシワデという。これは鎌倉時代以降に現われた呼び方で、「拍」の字を「柏《かしわ》」と間違ったことによるというのが通説である。古くは柏の葉を食器にしたことから、飲食の膳のことをカシワデといい、これをいただくときに感謝の意を込めて手を打つことに由来するという説もある。あるいは、柏の葉が手のひらのような形をしていることによるのかもしれない。

現在、神前では二拝《にはい》（二礼《にれい》）、二拍手《にはくしゅ》、一拝《いっぱい》（一礼《いちれい》）といって、手を二回打つ拝礼作法が一般的になっている。ただ、神社によっては種々の作法を伝えているところもある。

たとえば、伊勢神宮では「八度拝八開手《はちどはいやひらで》」といって拍手と拝礼をそれぞれ八回行なう作法が、また出雲大社には「四拍手」の作法が伝えられている。また、一回から三回の拍手を「単拍手《たんはくしゅ》」、四回打つものを「長拍手《ちょうはくしゅ》」などという。

さらに、拍手の仕方に「忍手《しのびて》」「礼手《らいしゅ》」などの作法がある。忍手というのは神葬祭《しんそうさい》（神道式の葬儀）などのときに行なうもので、あまり音を立てない拍手のことである。また、礼手というのは直会《なおらい》（第6章一三五ページを参照）の膳をいただくときなどに打つもので、通常は一回だけ手を打つ。

また、後世の神道では陰陽説《いんようせつ》とからめて、拍手に独自の解釈と意味づけを行なっている。すなわち、拍手をするとき左手は「陽」で霊を表わし、右手は「陰」で体（身）を表わすというのだ。

そこで、拍手を打つときには、両手を合わせてから右手を第一関節のあたりまで下げる。手を合わせるのは陰陽が結合することであり、このとき右手を下げるのは、陰が一歩下がって左手に象徴される霊を主体とするためであるという。

精神を重んじる神道では「霊主体従」、つまり「霊（精神）が主になって、体（肉体）が従う」ことを原則とするのである。そして、手を打つことによって天岩戸《あまのいわと》が開き、光明があふれることを意味するというのである。

論理的な根拠はともかくとして、このような説によって神道の拍手が人知を超えた、いかに大切な意義を持つものであるかが分かるだろう。手を打ち鳴らす音は、まさに日本民族の魂を呼び覚ます音霊《おとだま》に等しいのである。

第3章

神社建築の鑑賞ポイント

本殿と拝殿の由緒来歴とは?

神社の主要な建物に本殿《ほんでん》と拝殿《はいでん》がある。前者は天照大御神《あまてらすおおみかみ》などの祭神《さいじん》をまつる建物。後者は参拝したときにお祓《はら》いなどをしてもらう建物だ。参拝のときには、賽銭《さいせん》箱の前で拍手《かしわで》を打つ。そのとき目の前にあるのが拝殿で、その奥にあるのが本殿だ。一般に、本殿は拝殿に隠れて、一部しか見えない場合が多い。

古くは神社には建物がなく、祭りのときにだけ仮の建物を設ける。そこに依代《よりしろ》(神が降臨する目印となる榊《さかき》など)を立てて神の降臨を待ち、その前の野外で祭儀をとり行なった。この仮の建物がしだいに常設化して、本殿になったと考えられている(第1章一五ページを参照)。しかし、野外で祭儀を行なっていたのでは雨天のときなどに都合が悪い。そこで、時代が下ると、参拝者のための施設として拝殿が造られるようになった。

神社に拝殿が造られるようになったのは、平安時代の末ごろからと考えられている。平安時代の後期になると、寺院の金堂《こんどう》(本尊仏をまつる寺院の中心になる建物)の前に礼拝のための礼堂《らいどう》という建物が登場する。拝殿はこれにならって作られるようになったものだ。

このため、伊勢神宮など古い形式を踏襲している神社には拝殿がない。祭儀などは本殿前で行なわれる。また、さらに古代の形を伝えているのが、奈良の大神《おおみわ》神社や和歌山の那智《なち》大社《たいしゃ》だ。前者は背後の三輪山を、後者は那智の滝を御神体としていて、本殿を持たない。現在、見られる拝殿は後に建てられたものだ。

一般に、拝殿は本殿より大きく造られる。これは本殿には祭神がまつってあり、人の出入りを固く禁じているのに対して、拝殿には参拝のために大勢の人々が出入りするからだ。また、どこの神社でも、拝殿の建築様式は本殿のそれにマッチするように造られる。たとえば、神明造《しんめいづくり》の本殿には神明造の拝殿、流造《ながれづくり》の本殿には流造の拝殿といった具合だ（本章四三ページ以降を参照）。

神社の本殿と拝殿の関係は、寺院の本堂の内陣《ないじん》（金堂にあたる）と外陣《げじん》（礼堂にあたる）の関係と同じだ。ただし、寺院の本堂は内陣と外陣を一つ屋根の下に納めるのに対し、神社の本殿と拝殿はそれぞれ別棟にするのが鉄則だ。神道では、神が鎮座する神聖な本殿と俗界からやって来た人々が出入りする拝殿を、一つ屋根の下に納めることは許されないのである（注9）。

注9　京都の八坂神社などは、本殿と拝殿が一つ屋根の下に納められている。八坂神社は神仏習合色が強く、明治の神仏分離以前は神道と仏教の両方の信仰が渾然《こんぜん》としていた。そのため、仏堂のような建物が用いられたのである。このほか、滋賀県の日吉大社も仏堂と区別がつかない造りである。

神社の境内にはどんな建物があるのか

神社には本殿と拝殿のほかにも、幣殿《へいでん》、神楽殿《かぐらでん》（舞殿《ぶでん》）、神饌殿《しんせんでん》、斎館《さいかん》、社務所《しやむしよ》、手水舎《ちようずや》などさまざまな建物がある。

幣殿は神への捧げ物である幣帛《へいはく》を奉ずるための建物。一般には本殿と拝殿の間の空間を幣殿と呼び、ここに案《あん》（細長いシンプルな机）を置いて玉串《たまぐし》などを捧げる。ただし、規模の大きな神社では本殿と拝殿の間に、独立した幣殿を建てているところもある。神楽殿は神楽などを奉納する舞台である。ふつうは拝殿の前方に建てられるが、小規模の神社では拝殿が舞殿を兼ねることが多い。

神饌殿は神に供える食事を調理する建物である。神に供える食事は穢《けが》れを祓った忌火《いみび》（注10）で作ることから、「忌火舎《いみびや》」とも呼ばれる。規模の大きな神社には独立した神饌殿があるが、中小の神社では社務所などに併設される。斎館は例祭などに先だって神官や氏子がこもり、穢れを祓い、身を清める建物。規模の大きな神社では独立の建物があるが、一般の神社では神職の住居などの一室をあてる。

社務所は神社の事務全般を行なう建物である。伊勢神宮などの大社では、膨大な社

注10　穢れを忌《い》む火。ふつう、火鑽《ひきり》という檜などの棒を火鑽臼《うす》という木の台に激しく擦り合わせて火を起こす。原始的な発火法だが、神道では神事や祭に供える神饌は、このようにして起こした清浄な火で調理することを原則とする。

務をこなすための大きな社務所を備えている。だが、一般の神社では神職の住居の一画を社務所とし、お守りやお札の授与所を兼ねるところが多い。

手水舎は参拝の前に手と口をすすいで、身を清めるための施設である。もとは伊勢神宮の五十鈴川《いすずがわ》のように自然の川や湧き水を利用していた。後には、水を流す石盤などを簡単な屋根で覆うようになった。穢れを忌み嫌い、清浄を第一とする神社では、身を清める手水舎はとくに重要な施設である。

▲神楽殿（伊勢内宮）

▲手水舎

神社の建物――祖型は弥生時代の穀倉か

静岡県の登呂《とろ》遺跡（注11）をはじめとして、各地の遺跡には弥生時代の高床式《たかゆかしき》の倉が再現されている。これらの倉は収穫した米を収納するための穀物倉庫だが、一見して神社の建物を思わせる造りになっている。実は、伊勢神宮などに代表される神社の社殿は、この倉をモデルに造られたのだ。

仏教の伝来（五三八年）にともなって、大陸（中国）から寺院建築が伝えられた。神社建築はこれに対抗する形で造られるようになった。つまり、外来の寺院建築に対して、最も日本的な建築様式を求めた結果、弥生時代の倉に行き着いたのである。

すでに弥生時代から稲作を営んできた日本人には、米を納める倉には穀霊《こくれい》（穀物の神）が宿るという信仰が、古くからあったようだ。『古事記』には、イザナギノミコトが娘の天照大御神に首飾りを授けたところ、大御神はこれを「御倉板挙之神《みくらたなのかみ》」としてまつったという記述がある。「御倉板挙」というのは倉の中にある棚のことで、大御神はこれを神棚と見なした。その上で、父親から授かった首飾りを神璽《しんじ》（神器《じんぎ》）としてまつったのだ。このことは倉の中に神が鎮座していることを暗示するもので、

注11　昭和18年（1943）に発見された弥生時代の遺跡。住居址や水田址などとともに、土器などの多くの出土品が発掘され、この時代の生活を推定する貴重な資料となっている。また、当時の遺構に基づいて、高床式の穀倉や竪穴式の住居などが復元されている。

『古事記』編纂当時（八世紀）、すでに倉の神の信仰があったことを示している（『国史大辞典』「神社」）。

つまり、日本人はそうとう古くから倉を神の住処《すみか》とし、そこに神が宿るという信仰を持っていたことが分かる。そして、太古の神社は常設の社殿を持たなかった。しかし、それが常設されるようになり、しかも人々は寺院建築に対抗するものを造ろうとした。その結果、モデルとして倉が採用されたのであろう。

彼らは、仏教とともに伝えられた建築技術を駆使し、弥生時代の倉造りをさらに洗練させていった。その結果、伊勢神宮の神明造のような建物を造り上げたのである。

こうした社殿建築の様式が完成した時代は特定できない。だが、持統《じとう》天皇の四年（六九〇）には伊勢神宮の式年遷宮《しきねんせんぐう》が行なわれたと伝えられている。このころまでに、倉をモデルにした神社独特の建物が各地に建てられるようになったことは想像に難くない。

▲弥生時代の穀倉（右手の小屋。吉野ヶ里遺跡）

社殿建築の主要なパターンとは？

全国には十万を超える神社があって、それぞれ特徴ある社殿を構えている。これらの神社の建物は、いくつかのパターンに大別することができる。

伊勢神宮や出雲大社といった日本を代表する神社では、早くからそれぞれ特徴ある社殿を構え、一定期間ごとに、以前と寸分違わぬ様式の社殿を建て替える式年遷宮を行なってきた。そのため、創建当初の建築様式が正確に保たれたのだ。

その一方で、それぞれの神社の建築様式が各地の神社で採用されていった。たとえば、伊勢神宮に関係のある神社は神明造という独特の建築様式の社殿を建てたのである。このようにして、全国の神社には同形式の社殿が普及していった。

伊勢神宮に代表される神明造、出雲大社に範をとった大社造《たいしやづくり》、住吉大社の住吉造《すみよしづくり》、京都の上賀茂、下鴨両社を典型とする流造、奈良の春日大社にならった春日造《かすがづくり》、九州の宇佐神宮の八幡造《はちまんづくり》、滋賀県の日吉《ひよし》大社に見られる日吉造《ひえづくり》、日光東照宮を典型とする権現造《ごんげんづくり》などが、主な社殿建築の様式である。

大社造《たいしゃづくり》と神明造《しんめいづくり》はどう異なるのか

大社造は島根県の出雲大社の本殿に代表されるもので、神明造（第9章一九七ページを参照）とともに最古の社殿建築様式。切妻の屋根を掘立柱で支え、中央に棟まで届く「心御柱《しんのみはしら》」がある。また、伊勢神宮の屋根が直線的になっているのに対して、大社造では屋根に反り（曲線）が入っている。

間口、奥行ともに二間《けん》（注12）の正方形で、妻側《つまがわ》（屋根の山形の部分が見える側）に入口のある妻入《つまい》り（注13）になっている。床は高く造り、外側には床と同じ高さに回《かい》縁《えん》（縁側）を設け、高欄《こうらん》（手摺り）を巡らす。入口には階段をしつらえ、その上に階隠《はしかくし》（階段部分を覆う雨除けの庇《ひさし》）を取り付けてある。内部は心御柱を中心にして、入口から向かって右側を板壁で覆い、その向こう側の奥に神座《かみざ》が造られているという。

出雲大社の神殿は『古事記』の神話に登場する。大国主命《おおくにぬしのみこと》が国譲りの代償として、天まで届くほど立派な御殿を造ってくれと言ったのに応えて造られたといい、その壮大さに特徴がある（本章五六〜五八ページを参照）。

現在の出雲大社の本殿は延享《えんきょう》元年（一七四四）の造営。また、現存最古の大社造は

注12　社寺建築の場合の「間」は柱と柱の間の意味で、実際の寸法（1間＝約1.8メートル）ではない。したがって、1間は2メートルの場合もあれば、3メートルの場合もある。

島根県の神魂《かもす》神社のもので、貞和《じょうわ》二年（一三四六）の造営である。大社造の社殿は出雲周辺に多く見られる。

▲出雲大社

大社造

注13　建物の入口には、妻側から入る妻入りと、棟《むね》（屋根の頂点にある水平材）側から入る平入りとがある。どちらを採用するかは、祭神の種類や神社の建築様式によって決まっている。たとえば、伊勢神宮は平入り、出雲大社は妻入りで、これは社殿を建て替えても変更は許されない。

住吉造《すみよしづくり》に施されている塗装とは？

神明造と大社造に次いで古いのが大阪・住吉大社の社殿で、住吉造と呼んでいる。これは間口二間、奥行四間の前後に長い造りで、室内は正面入口に近い前半を外陣、奥の後半を内陣として、内陣は外陣よりも一段高くなっているのが特徴だ。また、他の社殿建築はすべて床と同じ高さに回縁を巡らしている。これに対して住吉造には回縁がなく、建物に近接して瑞垣《みずがき》と玉垣《たまがき》を二重に巡らしている。

神明造や大社造は塗りを施さない白木造《しらきづくり》であるが、こちらは外部の軸部《じくぶ》（柱や梁《はり》などの骨組の部分）は朱塗《しゅぬ》り、板壁は胡粉《ごふん》塗り（白塗り）にし、周囲にある朱塗りの垣は頭部のみが黒塗りになっており、美しいコントラストを見せている（注14）。

住吉造

注14　朱塗りなどの塗装は、大陸から仏教建築とともに伝えられたもの。当初の神社建築は、寺院に対抗して大陸伝来の塗装を避けたが、時代とともに少しずつ採用されるようになった。住吉造は塗装を施した最初の社殿。

春日造《かすがづくり》と流造《ながれづくり》の特色は？

奈良時代になって、興福寺や東大寺、薬師寺などの大寺がつぎつぎと完成した。それらを作り上げた高度な建築技術を用いて、新たなコンセプトの神社建築が登場する。

その先鞭をつけたのが奈良・春日大社の春日造で、それまでの神社建築には見られなかった優美な曲線的フォルムを持ち、全体を朱塗りにした瀟洒《しょうしゃ》な造りになっている。

これは一間四方の小型の社殿で、切妻造の屋根の妻側に、違和感なく庇を連結しているのが特徴。それまでの掘立柱《ほったてばしら》とは異なり、井桁《いげた》に組んだ木の土台の上に社殿を建てるのが特徴である。

▲春日大社

流造

春日造

春日造とほぼ同時代に完成したのが、京都の賀茂《かも》神社（上賀茂《かみがも》神社・下鴨《しもがも》神社）の社殿に代表される流造だ。最大の特徴は、なだらかな曲線を描いて延長した前方の屋根を庇にしていることである。その屋根が流れるような曲線を描いていることから、流造の名がある。また、流造と同じ構造だが、前方だけでなく、後方の屋根面も長く延ばしたものを両流造という。広島県の厳島《いつくしま》神社の社殿がその代表だ。

春日造と流造はもっとも普及した社殿建築様式である。ただし、春日造が奈良県を中心に近畿地方に多いのに対して、流造は全国のいたるところで見られる。民家の庭先などにまつられているお稲荷さんの社なども、ほとんどは流造だ（注15）。

▲下鴨神社

注15　上賀茂、下鴨両社の流造には千木と堅魚木を置かないが、一般に見られる流造では千木、堅魚木を置くものもある。

八幡造《はちまんづくり》と日吉造《ひえづくり》のユニークさとは？

八幡造は大分県の宇佐《うさ》神宮に代表される社殿建築様式だ。これは同じ形の建物が二つ並び、手前を前殿《ぜんでん》、奥を後殿《こうでん》とする。後殿と前殿は別棟にして厳格に区画し、両殿の間に「相《あい》の間《ま》」という空間を設け、ここを幣殿《へいでん》（玉串などを捧げる場所）とする。また普通、両殿の回りには回縁を設けず、内側から瑞垣と玉垣で囲む。

　両殿の関係は一般的に見られる本殿と拝殿の関係とは違う。祭神は後殿にまつられるが、前殿も後殿と同様、神聖な領域で、むやみに人が入ることは許されない。そして、前殿には御倚子《みいし》というイスが置かれている。

▲鶴岡八幡宮

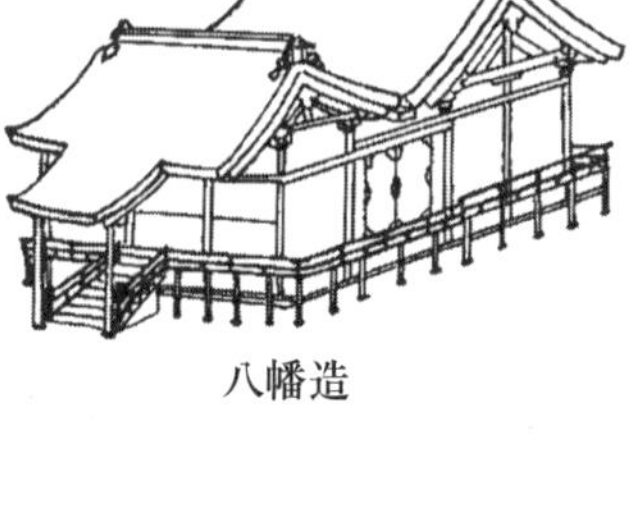

八幡造

これはほぼ正方形の座に低い鳥居のような背もたれと肘掛をつけたもので、もともと皇居で天皇が立礼《りゅうれい》の儀（立ったまま行なう儀式）を行なうときに、しばし腰掛けるためのものだ。前殿にこの御倚子を置くことによって、天皇だけが出入りを許されていることを暗示しているのである。

日吉造は滋賀県の日吉大社に見られる建築様式。切妻造の屋根の前面と左右に庇を取りつけ、入母屋造《いりもややづくり》のように見えるが、背後に庇がないため軒が切り落とされたような形になっている。内部は内陣と外陣に区画し、内陣に祭神をまつり、外陣は拝殿として利用される。

神社の本殿と拝殿は別棟にするのが大原則だが、日吉造だけは両殿を一棟、つまり一つ屋根の下に納める。これは、もともと日吉大社が比叡山延暦寺の地主神《じぬしがみ》で、仏教の影響を強く受けているためだ。いってみれば、神仏習合思想（第8章一七六〜一七七ページを参照）に基づいたもので、寺院の本堂に近い建物になっている。

▲日吉大社

日吉造

権現造《ごんげんづくり》はいつ頃から広まったのか

日光東照宮に代表される社殿建築様式。祭神の東照大権現《とうしょうだいごんげん》（徳川家康）にちなんで権現造と呼ばれる。徳川幕府が各藩に東照宮を建立して、家康の霊をまつることを奨励。権現造が全国的に普及した（注16）。

権現造では、本殿と拝殿の間を「石間《いしのま》」でつなぐ。石間は一般の神社では幣殿といわれているところで、拝殿で参拝するときには、ここに置かれた案《あん》（机）の上に玉串を捧げる。

このように本殿と拝殿を幣殿（石間）でつないだ形は、参拝の便が大変によい。現在、中小の神社の多くが権現造に準ずる様式を採用している。

権現造

注16　権現造の原形は京都の北野天満宮の社殿。この様式が豊臣秀吉をまつる豊国神社に採用され、続いて東照宮に用いられた。

千木《ちぎ》と堅魚木《かつおぎ》が意味するもの

社殿の屋根の上にある千木と堅魚木は、神社のシンボル的な存在である。千木は屋根の両端にあるX形の部分のこと。これには破風《はふ》（屋根板を支える部材）を延長して突き出させたものと、細長い板をX形に組んで屋根の両端に置いただけのものがあり、後者を置《おき》千木と呼ぶ。伊勢神宮に代表される神明造では破風を延長して千木とし、大社造をはじめとする他の社殿建築では置千木が用いられる。

この千木、古くは「比木《ひぎ》」とも呼ばれ、神社建築以外にも用いられていたようだ。しかし、大陸から寺院建築が伝えられると、もっぱら神社に用いられるようになった。これは寺院建築に対抗して、社殿のオリジナリティを強調したためと考えられている。

次に、堅魚木は屋根のてっぺんに置かれた短い丸太、あるいは角材である。形が鰹節に似ていることから、この名がある。堅魚木の由来については南方起源説など、さまざまな説があるが決め手はない。屋根の頂上のつなぎ目を補強するための部材、これが装飾的に発展したものと考えられる。

堅魚木は、古くは他の建築にも用いられていたようだが、後に千木とともに神社建築のシンボルとなった。

『古事記』には、雄略《ゆうりゃく》天皇（注17）が大県主《おおあがたぬし》（大和朝廷時代の県の支配者）の家に堅魚木が上げられているのを見て激怒し、その家を焼き払うように命じたと伝えられている。この話が史実かどうかは分からない。少なくとも『古事記』が編纂された当時（八世紀）には、堅魚木を置くことは天皇の御所や天照大御神などをまつる格の高い神社にしか許されなかったのだろう。つまり、そこに住む人のステータスの象徴だったのである。

堅魚木の本数は神社の建築様式によって決まっている。すなわち、伊勢神宮では内宮が十本、外宮が九本。大社造は三本、住吉造は五本、春日造は二本の堅魚木を載せる。また、神明造の場合、内宮に関係した神社には偶数、外宮に関係する神社には奇数の堅魚木を置くことになっている（第9章二〇一ページを参照）。

▲千木と堅魚木

注17　418～479。歴代天皇の中でも恐怖政治を行なったことで知られる。

社殿の屋根はどんな造りになっているのか

建物の屋根の造り方は、切妻《きりづま》、入母屋《いりもや》、寄棟《よせむね》の三種類に大別される。切妻造は二枚の方形の屋根板を三角形に組んだもので、最も簡単な屋根の造りである。弥生時代の穀倉をモデルに、簡素な建築を目指した神社建築には切妻屋根が多い。

入母屋は切妻屋根の三角形の部分に庇をつけたもので、寺院をはじめ多くの建築に広く用いられている。神社建築では権現造や日吉造が入母屋の屋根だ。

寄棟は三角形の屋根板をピラミッド形に組んだものだ。こちらはもっぱら寺院建築に用いられ、神社建築には見られない。

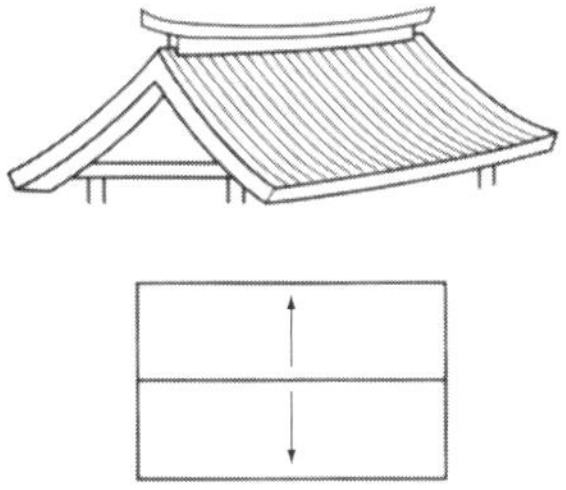
切妻造

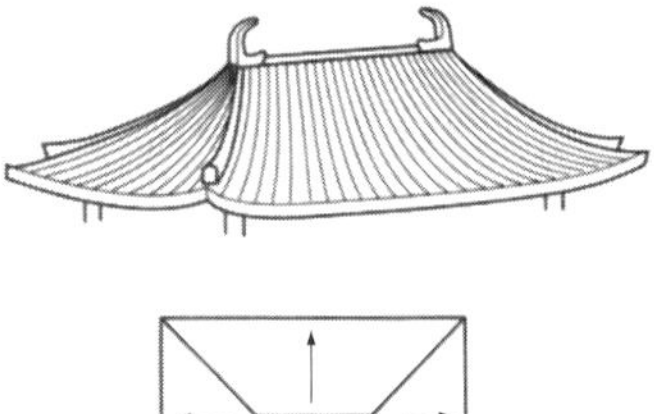
寄棟造

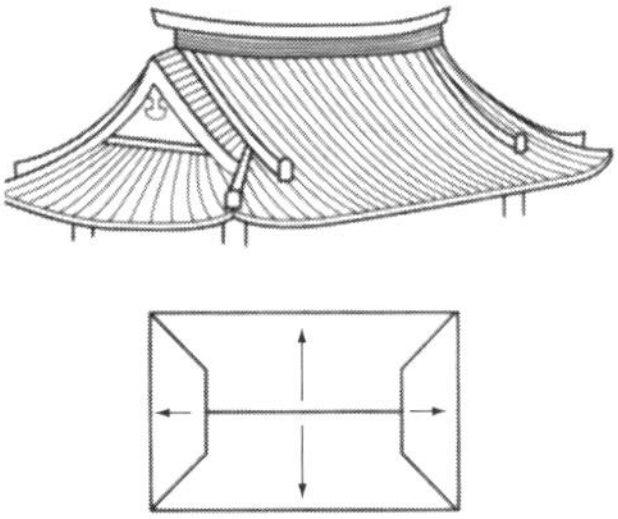
入母屋造

▲屋根の形式

屋根にはどういう葺《ふ》き方があるのか

神社建築は弥生時代の高床式の穀倉をモデルにした。この穀倉の屋根は藁葺《わらぶき》（草葺）だった。それで、神社の祖型ともいうべき伊勢神宮の正殿には、藁葺が採用されたのだ。ただし、藁葺といっても稲藁や麦藁は耐久性に欠けるため、萱《かや》（ススキの茎）を用いたのである（注18）。

神社の屋根には、檜皮葺《ひわだぶき》も多い。これは檜《ひのき》の樹皮を薄く剝いで、整形して何枚かを重ね、竹釘で留めたものだ。出雲大社の神殿をはじめ、住吉大社や上賀茂神社、下鴨神社など多くの神社で採用されている。

また神社の屋根には、杉や檜の薄板を重ねて葺いた板葺《いたぶき》もある。厚さ一分（約三ミリ）、幅三寸（約九センチ）、長さ一尺（約三〇センチ）ほどの板を並べたものを「柿葺《こけらぶき》」、厚さ三分以上、幅四寸（約一二センチ）、長さ二尺（約六〇センチ）ほどの大きめの板で葺いたものを「栩葺《とちぶき》」と呼ぶ。栩葺は柿葺よりも頑丈なため、積雪地帯などでよく用いられる。

さらに、江戸時代になると銅板葺《どうばんぶき》が登場する。これは銅板を適当な大きさに裁断し

注18　農家の屋根は一般に藁葺と言われている。しかし、これも多くは萱葺である。

て並べたものだ。耐久性と耐火性に富むことから、寺社ともに広く使われるようになった。年月を経ると緑青《ろくしょう》を吹いて、くすんだコバルト色になり、見た目も美しい。

ところで、東大寺や法隆寺などをはじめとする寺院の屋根は、重厚な瓦葺になっている（注19）。これに対して、神社の屋根は萱葺や檜皮葺だ。実は、神社建築には瓦を使わないという暗黙の了解があるのだ。

瓦は仏教とともに日本に伝えられた。朝鮮半島などから瓦博士《かわらはかせ》という技術者が来て製法を教え、仏教寺院を瓦で飾っていった。それまで見たこともない瓦葺の屋根を目にした当時の人々の驚きは、明治になって西洋館を初めて見た人々の驚きを超えるものだったかもしれない。まさに瓦は仏教の象徴となったのである。

かつて伊勢神宮には、天照大御神に仕える女子――斎王《さいおう》が住む斎宮《さいぐう》という施設があった。ここでは神の意向をはばかって「斎宮《いつきのみや》の忌詞《いみことば》」という隠語が使われ、寺院のことを「瓦ぶき」といった（第9章二〇五ページを参照）。斎宮の制度が定着した七世紀ころに奈良の都に続々と完成した寺院の瓦が、いかにも印象的だったのだろう。

いっぽう、神社建築は仏教に対抗して、日本固有の建物のイメージを追求した。それで、早くから瓦は絶対に使わないという、一種の不文律ができた。ただし、瓦葺の社殿がないわけではない。とくに山里の小さな神社などで見かけることがある。これらは耐久性や耐火性を考慮したものだが、神社建築の本来の趣旨には反する。

注19　ただし、山地に建てられた寺院には檜皮葺が多用される。奈良・室生寺の五重塔の屋根は美しい檜皮葺になっている。

コラム⑤　出雲大社の本殿が巨大な訳

出雲大社の本殿の高さは、現在でも八丈《じょう》（約二四メートル）はある。これが、平安時代には一六丈（約四八メートル）、創建当初には三二丈（約九六メートル）もあったという。出雲大社の本殿は、なぜそれほど巨大なのだろうか。

出雲大社が大国主命をまつっていることはよく知られている。『古事記』などの神話によれば、天照大御神が天忍穂耳命《あめのおしほみみのみこと》を遣わして豊葦原中国《とよあしはらのなかつくに》（日本国の美称）を治めさせようとしたとき、地上には多くの国神《くにつかみ》がいた。この光景を見た天忍穂耳命は、ひとまず高天原に引き返して天照大御神に相談した。つまり、居並ぶ地上の神々を平定しなければ、降臨することは難しいと、奏上したのである。

これを受けて大御神は、天菩比神《あめのほひのかみ》を下界に派遣して、穏便に国譲りを迫ろうとした。ところが、この天菩比神は逆に大国主命に服従し、三年たっても高天原に戻ってこない。しびれを切らした天照大御神は天若日子《あめのわかひこ》を遣わして説得にあたらせた。が、こともあろうに、この神は大国主命の娘と結婚してしまった。先鋒として送り込んだ、二柱の神が相次いで敵の手中に落ちてしまったのである。

業を煮やした天照大御神が、最後の切り札として下界に送ったのは、建御雷之男神《たけみかづちのおのかみ》と天鳥船神《あめのとりふねのかみ》という二柱の武勇神で、高天原でいちばんの強面《こわもて》として恐れられていた。下界に降り立った二神は、凄まじい剣幕で大国主命に国譲りを迫った。

この迫力に押されて大国主命の息子の一人、八重《やえ》言代主神《ことしろぬしのかみ》は即座に国譲りを承知して、立ち去ってしまった。もう一人の息子の建御名方神《たけみなかたのかみ》はあくまでも抵抗して二神に戦いを挑んだ。だが、あっさりと敗れてしまい、科野《しなの》の洲羽《すわ》まで逃げていき、以後はその地から一歩も外に出ないと誓った。これが現在、長野県の諏訪《すわ》大社《たいしゃ》の祭神の一つ、建御名方神であると伝えられている。

二人の息子が降伏してしまうと、大国主命は窮地に立たされ、しぶしぶ国譲りを承知した。しかし、大国主命もそれまで長きにわたって豊葦原中国を治めてきた国神の首領である。国を譲るにあたっては、自分のために天に届くほど壮大な御殿を建ててくれるように、という条件を出した。

この条件に同意した天照大御神が、神々に命じて建てさせたのが出雲大社であるという。こうしたことにより、出雲大社は巨大な本殿を構えることになったという。

このような出雲大社の社殿の造営にかかわる話が、史実ではないことは明らかだ。しかし、神話の裏にはそれを作り上げる何らかの史実が隠されている。

▲出雲大社の神迎え神事

その史実とは、おおむね次のようなことだったのではないだろうか。出雲大社の社殿が造られる少し前には伊勢神宮の壮麗な社殿が完成したと考えられている。そして、古くから出雲の地に勢力を張った出雲の国造《くにのみやつこ》（地方の首長、現在の知事にあたる）をはじめとする人々は、天照大御神をまつる伊勢神宮に負けない社殿を造ることを志した。その結果、伊勢神宮とは異なる建築様式の、巨大な社殿が出現したのではないだろうか。

創建当初の三二丈という数字については、多分に伝説的な話である。しかし、一六丈の本殿については、平安時代から鎌倉時代にかけて実際に存在したことが古い文献にも見えている。

さらに、最近、かつての本殿の建設地の跡から一六丈の本殿を支えていたと見られる巨大な柱が発掘された。それはひと抱えもある柱を三本束ね、鉄のタガで締め上げたもので、巨大な本殿を支えるのに十分な強度を備えている。この発掘によって、巨大神殿の実在がますます濃厚になったのである。

また一説に、その昔、出雲大社の神殿は海の中に建っていたといわれる。浜辺から一二〇メートルもの長い引橋《ひきはし》（桟橋）が神殿に通じていたというのだ。かつて拝殿を新築するときに出土した掘立柱には、明らかに海の中に建てられていた形跡があったようだ。その後の研究によって、海中の神殿の復元図も作成されている。

この説によるならば、出雲大社の神殿は先の神話の記述に加えて、海中という立地条件によっても、他に類例を見ない巨大な建築だったことになる。

また、出雲大社の社殿は、その堅牢な造りにもかかわらず、しばしば転倒して流されたという記録も残っている。暴風雨などによって大波をかぶり、転倒した可能性が高い。このことからも、海上に建てられていたという説は信憑性を増してくる。

コラム⑥ 権殿《ごんでん》、相殿《あいどの》とは何の建物か

神社の中には、権殿と称する建物を備えているところがある。

たとえば、京都の上賀茂神社の境内には東に本殿、西に権殿が建てられている。この権殿というのは、もともと社殿を造営したり、建て直したりするときに一時的に御霊代《みたましろ》（御神体《ごしんたい》）をまつっておく建物だ。

したがって、たとえば上賀茂神社の祭神の賀茂別《かもわけ》雷大神《いかづちのおおかみ》は当然、本殿にまつられているのだ。賀茂神社では平安時代から江戸時代の末まで、伊勢神宮と同じく二十年に一度、式年遷宮《しきねんせんぐう》（第9章一九三ページを参照）が行なわれており、遷宮のたびに横に権殿を建てて、新しい本殿ができるまで祭神をそこにまつったのである。

現在の上賀茂神社の本殿と権殿は文久《ぶんきゅう》三年（一八六三）の式年遷宮のときに建て替えられたもので、流造の典型として下鴨神社の本殿とともに国宝に指定されている。

ちなみに、伊勢神宮では現在も二十年に一度の式年遷宮が行なわれているが、この場合は隣接した敷地に新しい本殿を建設する。そして、新しい本殿の完成を待って、旧本殿から祭神を移すのである。遷宮が終わると旧社殿は解体されて、その敷地は古殿《こでん》地《ち》として保存され、二十年後にはそこに再び本殿が建設される。したがって、伊勢神宮の場合は権殿を建てないのだ。

また、神社では「相殿」という言葉をよく耳にする。これは一つの神社に二柱《ふたはしら》以上の祭神をまつるために造られた社殿のことだ。

この場合、複数の祭神を一つの社殿にまつる場合と、別々の社殿にまつる場合とがある。前者の場合は複数の祭神を合祀し、本殿の扉を各々別に設ける。このような本殿の造りを「相殿造《あいどのづくり》」と呼んでいる。

また後者の場合は、それぞれの祭神を別々の建物にまつる。たとえば、春日大社では同じ形式で、同じ大きさの四つの本殿が並び、それぞれに春日大社の四柱の祭神がまつられているのである。

このように、同じ形式の社殿が並ぶ神社は他にも少なくなく、大阪の住吉大社なども四棟の同形式の本殿がある。複数の祭神は対等の場合もあるが、一般には一柱を主祭神としてとくに重んじ、他はこれに準ずる場合が多い。

第4章

神社の境内は癒しの空間

神社にはなぜ鳥居があるのか

地図の記号でもよく知られているとおり、お寺の象徴が卍《まんじ》なら、神社の象徴は鳥居⛩である。鳥居は神が降臨する神域と人間が住む俗界を区画するもので、神社に常設の社殿が造られる以前から存在した。つまり、社殿はなくても鳥居があれば、そこが神の聖域、すなわち神社になるのだ。今でも鎮守の杜の入口に鳥居だけが建てられ、本殿がない神社は各地で見ることができる。

鳥居のルーツについては、さまざまな説がある。たとえば、インドのストゥーパ（注20）のトラーナという門の形が鳥居に似ており、また、トラーナという音もトリイに通じることから、これが鳥居の起源であるとする説だ。

また、中国で宮城や陵墓《りょうぼ》の前に建てられた華表《かひょう》という門が鳥居の起源だという説も古くからある。華表の漢字に「とりい」という訓を当てたりもする。ちなみに、鳥居の中国語訳はずばり「華表」だ。さらに、日本では古くから二本の柱の上部に注連縄《しめなわ》を渡した「しめ柱」というものがある。これが鳥居の原形だという説もある。このほか、朝鮮や満州などアジアのさまざまな地域に見られる門に、鳥居のルーツを求める

注20　インドで仏舎利《ぶつしゃり》（釈迦の遺骨）を納めるために作られた饅頭形の塔。回りを玉垣のような石の柵で囲み、入口に門を設けた。

説があるが、はっきりしたことは分からない。

『古事記』には次のように記されている。天照大御神が天岩戸《あまのいわと》に隠れたとき、神々が天岩戸の前で「常世《とこよ》の長鳴《ながな》き鳥《どり》（ニワトリの古称）」を鳴かせて岩戸を開き、大御神を引っ張り出そうとした。そのとき、この鳥を止まらせるために、止まり木を作った。これが鳥居の始まりで、「鳥の止まり居るところ」というのがその語源であるといわれている。また、鳥居を通って神域に入って行くということから、「通り入る」という言葉が転訛《てんか》したものともいわれている。

▲鳥居は神社の象徴

鳥居のさまざまな形態とは？

二本の柱を立て、その上に笠木《かさぎ》という梁《はり》を渡し、その下に貫《ぬき》と呼ばれる梁を通す。このように四本の丸太を使って組み立てるのが鳥居の基本形である。これには、時代とともにさまざまな形のものが現われた。

最も古いのは伊勢神宮に代表される神明《しんめい》鳥居。これに続いて鹿島《かしま》神宮（茨城県）が発祥の地といわれる鹿島鳥居、明神《みようじん》鳥居などが現われた。後世、明神鳥居は最も普及し、現在でもよく見られる。また、広島の厳島神社でおなじみの両部《りようぶ》鳥居も少なくない。これは、二本の柱の前後にそれぞれ二本の短い柱を取り付け、横木を渡してメインの柱と連結したものだ。

さらに、特殊なものとしては奈良の大神《おおみわ》神社の三輪《みわ》鳥居、滋賀県の日吉神社の山王《さんのう》鳥居などがある。前者は中心の大きな鳥居の左右に、小さな鳥居を縦割りにしたものを連結したもの。後者は笠木の上部、中央に三角形の部材を載せたものだ（注21）。

さらに全国各地の神社には、特色ある鳥居が多い。ひと口に鳥居といっても、よく見ると非常にバリエーションに富んでいる。

注21　三角形の部分が合掌する姿に似ることから、合掌鳥居ともいわれる。両部鳥居とともに神仏習合色が強い。

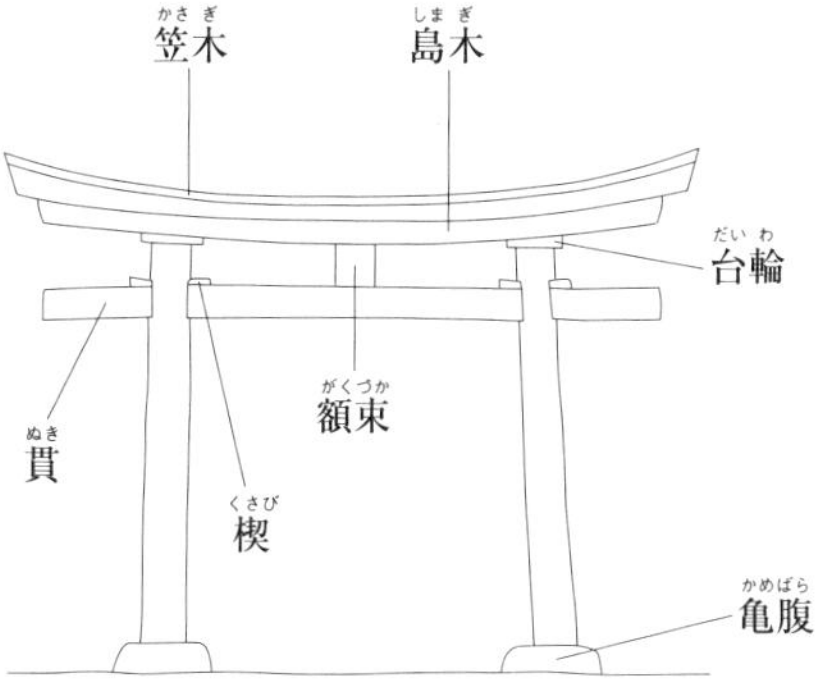

▲鳥居の構造

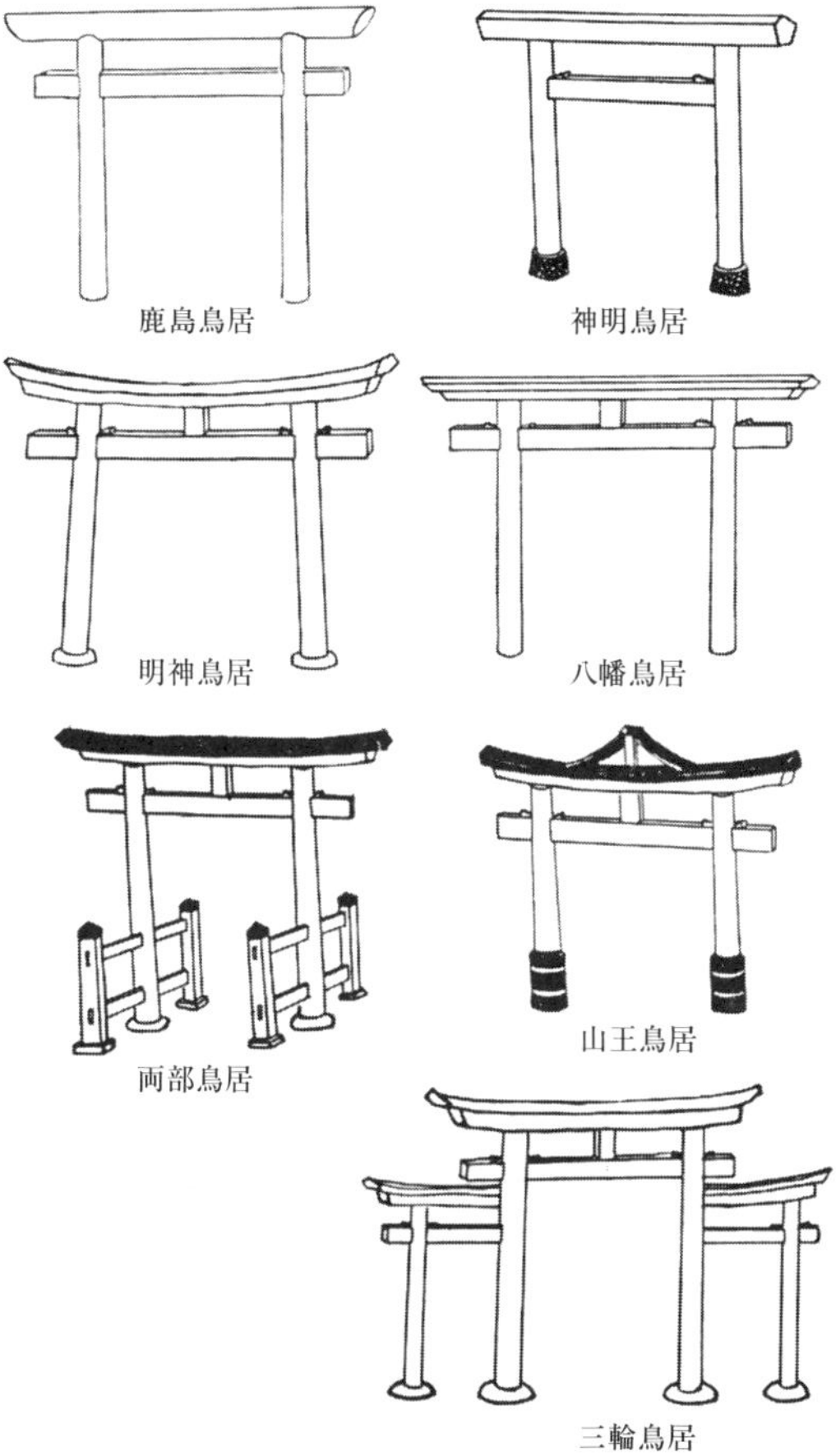

▲鳥居のいろいろ

神社に注連縄《しめなわ》を張りめぐらす理由

『古事記』の神話によれば、天岩戸に引きこもった天照大御神を、神々が協力してやっとのことで岩戸から引き出した。そのとき、大御神が再び引きこもらないように、岩戸の前に縄を張りめぐらしたという。これが注連縄の起源とされている。また、その折、急いで縄をなったため、藁の端を切り揃えないまま垂れ下げたともいわれている。現在でも藁の端を切り揃えない注連縄があるのは、この神話に基づいている。

また、『万葉集《まんようしゅう》』（注22）などにはしばしば「しめゆう（占め結う）」という言葉が見える。この言葉は、縄を張りめぐらして一定の場所を占有し、そこを区画するという意味である。

この「占め結う」が注連縄の原義で、要するに特定の場所を区切って、そこを隔離すること。現在でも、立ち入り禁止の区域に縄などを張るのと同じ発想だ。ただ、古くから、神が降臨するような神聖な場所（神社）の回りに縄を張りめぐらせることが多かった。つまり、その場所は神聖視され、玉垣《たまがき》と同じように注連縄のあるところには神がいると考えられたのである。

注22　日本最古の歌集で、天皇から庶民までさまざまな階層の人々が詠んだ約4500首の歌を収める。その中には神社の信仰の原点をうかがうことのできる歌や言葉も含まれている。

そして、玉垣が神聖視されたのと同様、しだいに注連縄自体も神聖なものと考えられるようになった。かつては、一度張った注連縄は決して取り外さないという風習があったという。古いものはそのままにして、その上に新しい注連縄をかけるのである。これは後世、祈願のために仁王像に供えたワラジを、いくつも重ねていくのと同じである。しかし、後には現在も行なわれているように、古い注連縄を取り外して、新しいものと張り替えるのが一般的になった。

注連縄のルーツについて、はっきりしたことは分からない。しかし、縄を張りめぐらして聖域を区画するという風習は他の地域にも見られる。たとえば朝鮮半島では「禁縄《きんじょう》」という縄を神聖な場所や門に張りめぐらせ、魔除けにする。このような風習は他の地域にも広く見られる。

ちなみに注連縄は神域の標識とし、むやみに人が近づかないようにするためのものだった。このことから、「標縄」と書いてシメナワと読ませる。また、「七五三縄」と書いてシメナワと読むこともある。注連縄には三筋、五筋、七筋と藁茎《わらくき》が垂れていることから、そのような字を当てたものである。

▲聖なるものの標識

注連縄にはどんな種類があるのか

注連縄にはさまざまな種類や形があり、これを張りめぐらす場所や用途によって使い分けている。また、地方によって特色のある注連縄がある。しかし、一般的には前垂注連《まえだれじめ》、大根注連《だいこん》、牛蒡注連《ごぼう》、輪注連《わ》（輪飾《わかざり》）などがよく見られる。

前垂注連は細い藁縄にいく筋かの藁茎と紙垂《かみしで》を垂らしたものである。神社の各所に下げられるほか、祭礼のときに家々の軒下などに下げられる。また、地鎮祭のときなどにも、四方の忌竹《いみだけ》（注23）の間に渡す。このほか、神聖な場所を画するときには、前垂注連が多用される。これは拝殿などにかける他の注連縄と異なり、祭礼や神事などのときに適宜作られるものである。

大根注連は中央が太く、両端を細くした縄に藁茎や紙垂を垂らしたもので、拝殿《はいでん》の前に下げられる。出雲大社の拝殿にかけられている注連縄がこれで、長さ約一三メートル、胴回り約九メートル、重さが約三トンという巨大なものだ。なお、大根注連は拝殿のメインになるほど大きなものが多く、藁茎は三本とか七本ではなく、多くの藁茎をまとめて房状にしたものを垂らす。

注23　地鎮祭のときなどに見られる、葉のついた青竹。穢れを忌《い》む（遠ざける）ことから、その名がある。

牛蒡注連は一方を細く、もう一方を太くして、同じく藁茎と紙垂を垂らしたものだ。牛蒡のような形をしていることからその名がある。大根注連と同じく、拝殿に下げられることが多い。京都・北野天満宮の拝殿の注連縄がこれだ。そのほか、正月の注連《しめ》飾《かざり》などにも使われる。

ちなみに、牛蒡注連を拝殿などに下げるときは、「右太《みぎぶと》、左細《ひだりぼそ》」とするのが原則だ。つまり、太い方が向かって右になるようにする（注24）。

輪注連、輪飾は注連縄を結んで、輪にしたもの。輪注連

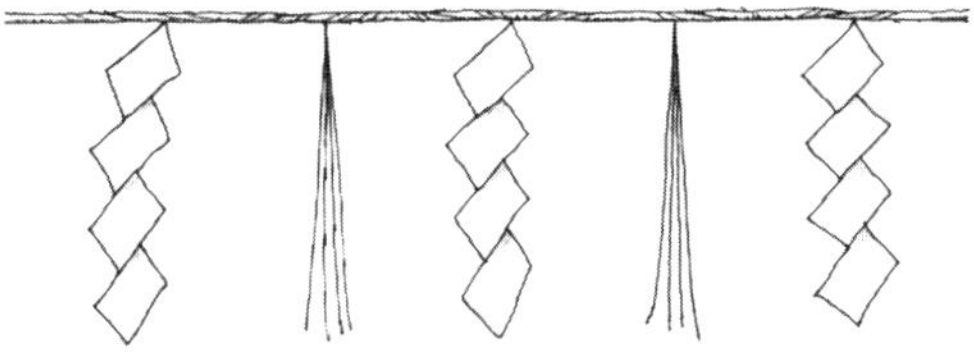

前垂注連

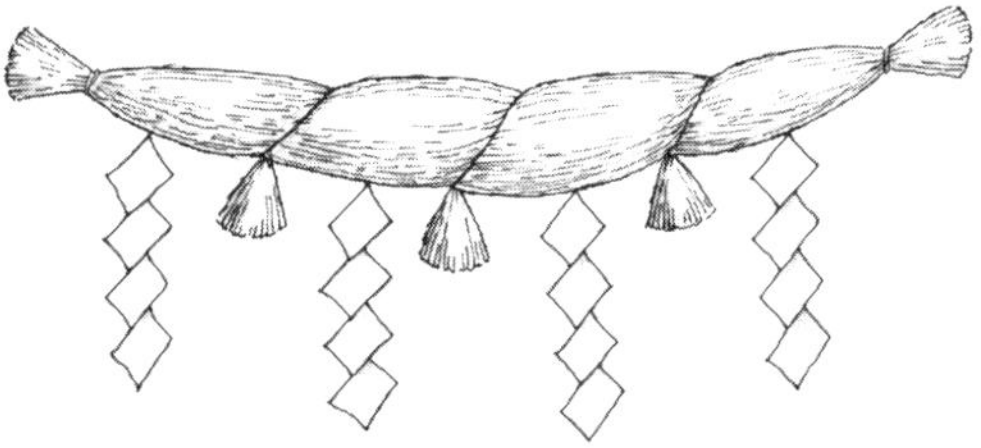

大根注連

牛蒡注連

▲注連縄のいろいろ

も正月の注連飾に用いられ、小さな輪飾は門松に下げられる。注連飾や輪飾などには紙垂とウラジロ（シダ科の植物の葉）、ユズリハ（常緑樹の葉）をつける。

注連縄はその年に採れた稲藁で作り、左ないにするのが原則である。年末にかけ替えて新年を迎える。氏子が力を合わせてなうのが基本で、現在でも年末が近づくと、大勢の人が注連縄をなう光景がニュースになったりする。

また、紙垂の切り方や縄の張り方、左右の裁断の仕方や体裁など、いろいろと細かい取り決めがある。このような細部の作り方などについては地方や神社によって異なり、それぞれ古式に則って行なわれている。

注24　陰陽説《いんようせつ》で左を「陽」、右を「陰」とすることによるとも考えられる。そして、注連縄の太い方を陽、細い方を陰と考えて、祭神から見て左側に太い方が来ることになる。ただし、神社によっては向かって右に細い方を持ってくるところもある。

榊《さかき》はなぜ神聖な木と目されるのか

前にも述べたように、『古事記』には、天照大御神《あまてらすおおみかみ》が岩戸《いわと》隠《がく》れをした際、大御神を岩戸から誘い出すために「天《あま》の香《か》具《ぐ》山《やま》の五《い》百《ほ》箇《つ》真《ま》賢木《さかき》を根こじにこじ」て、その五百箇の（多くの）枝に八《や》咫鏡《たのかがみ》や勾玉《まがたま》、木綿《ゆう》や麻布《あざぶ》などをかけ、岩戸の前に立てたと記されている。

「五百箇真賢木」というのは、天照大御神の依代《よりしろ》（第1章一七ページを参照）として立てられたもので、この依代に岩戸から出てきた大御神を降臨させようとしたのである。このことから、真賢木は神が降臨する神聖な木で、俗界と神域の境に立てられる木、つまり「境の木」と考えられるようになった。

そして、後にはこの「境の木」が神に関係の深い木ということで、木偏に神と書いた「榊」という字をサカキと読ませ、「神の木」または「神に捧げる木」という意味を持たせたと考えられている。したがって、サカキはもともと固有の植物名ではなく、神話に登場する「真賢木」も、樹木の種類については不明である。ただ、常磐木（常緑樹）であることは確かで、永遠に衰えることのない神のエネルギーを常磐木の緑に託している。

現在、伊勢神宮などで用いられている榊はツバキ科の常緑樹で、マサカキと呼んでいる。長楕円形の先が尖《とが》った葉には光沢があり、葉の縁にはギザギザがない。また、細い枝がしなやかに伸びる。近畿地方から西で自生し、その地域の神社ではマサカキが用いられる。

しかし、東海地方から東ではマサカキは自生しないので、同じツバキ科の常緑樹であるヒサカキが用いられる。その葉はマサカキより小ぶりで、縁にギザギザがある。枝はマサカキに比べてしなやかさに欠ける。

このほか、関東北部から東北、北海道にかけては、ヒサカキも自生しないので、スギやモミの木などが代用（注25）される。また、近畿地方よりもさらに温暖な地方では、ナギの木を代用するところもある。これはマキ科の常緑樹で、葉は肉厚で笹に似ている。

▲境内に植えられた榊

注25　元来、サカキは特定の樹木の固有名詞ではないので、代用という言葉は必ずしも適当ではない。各土地で用いられているものが、れっきとしたサカキなのである。

境内の摂社・末社・分社とは何か

どこの神社の境内にも、本殿《ほんでん》のほかに境内社と称する小さな社がまつられている。これを摂社《せっしゃ》・末社《まっしゃ》・分社《ぶんしゃ》などと呼んでいる。

まず、摂社と末社は主祭神《しゅさいじん》をまつる本社とゆかりの深い神をまつるとされている。たとえば、天照大御神を主祭神とする神社は、その境内などに弟の須佐之男命《すさのおのみこと》や月読命《つくよみのみこと》を勧請《かんじょう》して（迎えて）まつる場合がある。したがって、摂社と末社は本社と祭神を異にしているが、本社との結びつきが強く、その支配を受ける。

摂社と末社の区別は曖昧《あいまい》だったが、明治以降、神道が国教化されると、一応の基準が示された（注26）。それによると、摂社とは本社の祭神の姫神《ひめがみ》（主祭神の娘や妃）や御子神《みこがみ》（主祭神の子供）、本社にゆかりのある神、本社の祭神の荒魂《あらみたま》（勇猛な神霊）、その土地に古くから鎮座していた地主神《じぬしがみ》などをまつるものだ。そして、それ以外の神をまつるものを末社とした。

次に、分社というのは本社の祭神を分霊《ぶんれい》してまつった神社である。日本の神はその神霊を分割することができると考えられている。そこで、神霊を分割して各地にまつ

注26　神道の国教化にともなって、神社が国家機構の中に組み入れられた。そのため、他の役所などと同様、摂社や末社にも明確な格付けをする必要があったのである。

った。たとえば全国に約四万社あるといわれる稲荷社《いなりしゃ》は、総本社《そうほんじゃ》である伏見稲荷大社の祭神を分霊して全国各地にまつったものだ。

また、伊勢神宮の分社の神明社《しんめいしゃ》は全国に約一万八千社あり、天照大御神および豊宇気毘売神《とようけひめのかみ》の二柱を祭神とする。このほか、菅原道真《すがわらのみちざね》の霊をまつった天満宮《てんまんぐう》、九州の宗像大社《むなかたたいしゃ》の祭神、宗像三女神をまつった厳島《いつくしま》神社や弁天社《べんてんしゃ》、長野の諏訪大社《すわたいしゃ》を総本社とする諏訪社、石川県の白山比咩《しろやまひめ》神社を総本社とする白山社《はくさんしゃ》などが分社としては数が多い。

このように、分社は本社の祭神を分霊することによって、全国、津々浦々、どこでも参拝することが可能になった。そして、本社と同じ祭神をまつるが、摂社や末社と違って本社の支配を受けず、経営的にも独立している場合が多い。

また、摂社、末社が本社の境内の小さな社にまつられることが多いのに対して、分社はそれぞれ独立した社地に建てられる。中には京都の石清水八幡宮《いわしみずはちまんぐう》や鎌倉の鶴岡《つるがおか》八幡宮のように大規模な分社もあり、独自に多くの参拝者を集めているケースも多い。

▲どこの神社にも境内社がある

玉垣が示し表わすもの

玉垣《たまがき》は神社の回りに巡らされた木や石の低い柵のことである。古くは、神が降臨すると見なされている聖域の回りに榊などを植えて、俗界と神域を区画した。「玉」は美称で、神社に巡らされた垣は瑞垣《みずがき》、斎《い》（忌《い》）垣《がき》、御垣《みかき》、神垣《かみかき》などとも呼ばれる。

もともとは生きた木を植えて玉垣とした。その後、木で造られるようになった。現在では、寄進した氏子《うじこ》の姓名を刻んで朱を入れた石造のものが多い。また、玉垣は一重とは限らず、幾重にも巡らしたものも珍しくない。この場合、社殿に近い方の内側の垣を瑞垣といい、外側の垣を玉垣ということが多い。

たとえば、伊勢神宮の正殿は四重の垣に囲まれているが、内側から瑞垣、内玉垣《うちたまがき》、外《そと》玉垣、板垣《いたがき》という。ただし、一般の神社ではとくに両者を区別せず、とにかく神社の境内を囲んでいるものを玉垣と呼んでいる。

▲神域を囲む玉垣

狛犬《こまいぬ》はどこから来たのか

狛犬のルーツは、インドやエジプトにあると考えられている。インドやエジプトなどでは、古くから王宮の門の前に獅子などの像を置いて、守護とする習俗があった。たとえば、エジプトのピラミッドの前に置かれているスフィンクスがその例だ。これが中国に伝えられると、王宮はもとより、寺院や陵墓《りょうぼ》の前に獅子などの像を置いて守護とするようになり、朝鮮半島を経由して日本にも伝えられたのである。

狛犬の「狛」というのは「高麗《こま》」、すなわち朝鮮半島のことである。しかし、唐物《とうぶつ》（舶来品）の「唐」が必ずしも中国を指さないのと同じように、「狛」も漠然と外国一般を表わす言葉だ。

したがって、狛犬は朝鮮半島の犬、あるいは朝鮮半島から来た犬という意味ではなく、単に外来の犬という意味なのである。

狛犬はもともと獅子＝ライオンをかたどったものである。しかし、獅子になじみの薄い日本では、これを犬と見なしたようである。そして、日本の犬とは姿形が違うため、異国の犬、つまり高麗（狛）から来た犬と考えたのだ（注27）。

注27　古くは、朝鮮の高麗や百済《くだら》などから本物の犬が献上され、天皇や貴族がその犬を使って鹿狩りなどを楽しんだということが記録に残っている。

古くは狛犬と獅子は混同されていたが、平安時代になると明確に区別されるようになる。ただ、この時代には、まだ神社仏閣の前には狛犬は現われていない。宮中などで几帳《きちょう》（室内の仕切りに用いた家具）の裾に置く鎮子《ちんし》（重し）として利用され、角《つの》があって口を閉じたものを狛犬と称して右側に置き、角のない口を開いたものを獅子として左側に置いた。

このような狛犬と獅子がしだいに大型になって、寺社の守護として設置されるようになった。そして、獅子の名は消えてもっぱら狛犬と呼ばれるようになった。

初期には、角のある口を開いた像を右側に置き、角がない口を閉じた像を左側に置いた狛犬が見られる。後世のものでもこの形を踏襲しているものがある。また、開口と閉口の二体を一対にするのは、寺院の仁王像にならったものと考えられている。

ちなみに、稲荷社では神使《しんし》（神のつかい）としての狐が狛犬の代わりに置かれる。さらに、猿や狼など、各神社で独自に神使とされている動物が置かれていることもある。

▲ルーツはライオン

神への捧げもの――絵馬の移り変わり

神社やお寺には、多くの絵馬が奉納されている。現代の絵馬は、山形五角形の板に干支《かんし》の動物などを描いたものが主流で、受験生の合格祈願などに人気がある。絵馬はその名が示すとおり、もとは馬の絵を描いて奉納したものだ。しかし、古くは生きた馬を生贄《いけにえ》として神前に捧げていたという。

『続日本紀《しょくにほんぎ》』（注28）には、旱魃《かんばつ》や大雨に際して水神に馬を奉納したことが記されている。雨乞いのときには黒馬を、止雨《しう》を願うときには赤馬を生贄として奉納したらしく、各地の遺跡からは実際に馬の頭などが出土している。しかし、時代が下ると木で馬の姿を造って奉納するようになり、さらにこれを簡略にして、板に馬の絵を描いたものを納めるようになった。

平安時代には、京都の北野天満宮に「色紙絵馬（色紙に描かれた絵馬）」が奉納されたという記録がある。色紙絵馬は平安末期から鎌倉時代の初めにかけて、流行していたようだ。そして、鎌倉時代になると、絵馬に馬以外のものが盛んに描かれるようになる。

注28　平安時代の初めに編纂された『日本書紀』の続編として編まれた史書。『日本書紀』の記述が第41代の持統《じとう》天皇までで終わっていることから、次の文武《もんむ》天皇から平安京（京都）への遷都を敢行した第50代の桓武《かんむ》天皇までの歴史をつづったもの。

さらに、桃山時代には「凝《こ》り絵馬」と呼ばれる豪華なものが、大名や商人などを中心に流行する。彼らは一流の絵師に絵馬の制作を依頼して、出来ばえを競った。

江戸時代になると、町人文化を反映して小絵馬《こえま》（小型の絵馬）が庶民の間で流行し、これが今日に受け継がれている。古代の絵馬は祈雨《きう》や止雨のために奉納されたが、江戸時代には病気平癒《へいゆ》や安産、子育て、家内安全など個人的な祈願の成就のために奉じられるようになったのである。したがって、それぞれの祈願の内容に即した図柄が描かれた。

たとえば、眼病平癒には「向かい目」といって、ひらがなの「め」の字と、これを裏書きした「ᴚ」という字を並べて書いた。

また、婦人病には女性の下半身、子授けには安産・子育ての守護神である鬼子母神《きしもじん》が持つ石榴《ざくろ》、また、子供の夜泣き封じには鶏を描いた。そのほかにも、数々のユニークな図柄の絵馬が奉納された。

▲思いが込められた絵馬

御《ご》幣《へい》とはいったい何か

神への捧げ物を幣帛《へいはく》といい、その尊称である「御幣帛」を略して御幣という。古くは木綿や麻などの布が幣帛として珍重され、それらを竹や木の串に挟んで奉納した。これがしだいに形式化され、後世になると、垂《しで》という細長い紙に切り込みを入れて折ったものを挟んで、神前に捧げるようになった。

このように御幣は元来、神への捧げ物を意味した。しかし、時代とともに依代やお祓い、あるいは神前の装飾具など、さまざまな意味を持つようになる。

たとえば、お祓いのときに振られるハタキのような形をした祓い棒も、御幣から発展したものだ。また、社殿の奥深くに立てられた御幣は、幣帛と同時に依代の意味もある。

現在、一般には白い紙を串に挟むが、金や紅白などの色紙の垂をつけた御幣もよく見られる。また、木綿や麻布で作った御幣は現在でも使われている。

▲御幣はさまざまな形で使われる

神饌《しんせん》とはどんな食べものか

神に捧げる神聖な食事のことを神饌という。ふだんは米、塩、水などを供えるが、祭礼のときには御神酒をはじめとして、魚介類や野菜など、さまざまなものが神前に供えられる。神饌には、生の素材をそのまま供える「生饌《せいせん》」と、調理したものを供える「熟饌《じゅくせん》」とがある。現在、多くの神社では生饌が一般的だが（注29）、由緒のある古い神社では熟饌を供えるところも少なくない。

たとえば、伊勢神宮では毎日、御饌殿《みけでん》で調理された神饌が捧げられる。また、神饌は人間が食べることができるものを捧げるのが原則だが、中には紙や木の葉などを彩《いろど》りとして加えたものも見られる。これは神に捧げる食事をより豪華にするための演出である。

▲恭しく供えられた神饌

注29　明治以降、神道の国教化に伴って神社が国家の統制を受けるようになると、神饌も国の意向によって画一的に定められた。太平洋戦争後、国家神道が解体されても、各地の神社では戦前の画一的な神饌を踏襲しているところが多い。

招霊樹《しょうれいじゅ》と御神木《ごしんぼく》のミステリー

サカキと同じように神が降臨する木として、神社で珍重されているものにオガタマの木（小賀玉木）がある。天照大御神が岩戸隠れをした際、天宇受売命《あめのうずめのみこと》がこの枝を持って踊ったと伝えられ、神霊を招くことから「招霊樹」といわれている。

オガタマの木は古くから神聖な木として重視され、「古今伝授三木《こきんでんじゅさんぼく》」（『古今和歌集』の中に登場する重要な三種類の木）の一つに数えられている。また、鈴に似た実をたくさんつけることから、神前でのお祓いや神楽に用いる鈴の起源であるともいわれている。

オガタマの木は温暖な地方に自生するモクレン科の常緑樹で、高さ二〇メートルに達するものもある。春にはモクレンの花を小さくしたような紫色を帯びた白い花を咲かせて、芳香を放つ。近畿以西に多いが、関東あたりでも南部の温暖な土地では、神社の境内に招霊樹として植えられているものも少なくない。また、横浜の中華街にはオガタマの木が街路樹として植えられている。日本古来の聖樹と中華街――いかにも不思議な取り合わせである。

また、神社の境内や山中には御神木と称される木がある。日本の神は姿形がないと考えられているため、降臨するためには依代が必要だ。これが御神体と呼ばれるもので、伊勢神宮の天照大御神は八《や》咫鏡《たのかがみ》、奈良の大神《おおみわ》神社は背後の三輪山《みわやま》、和歌山の那智《なち》大社《たいしゃ》は有名な那智の滝を御神体としている。そして、御神木も御神体の一つなのである。だから、八咫鏡が伊勢神宮の正殿《しょうでん》にきちんとまつられているように、御神木も注連縄を張りめぐらしたり、玉垣で囲ったりして丁重にまつられているのである。

御神木はそれぞれ神社に所縁《ゆかり》のある木で、その種類もさまざまだ。ただし、一般には杉や檜の古木が多い。また、二叉や三叉などの独特の外見を持った木が御神木とされる場合が多い。御神木の多くは常緑樹だが、福岡の太宰府《だざいふ》天満宮《てんまんぐう》のように、祭神の菅原道真がことのほか好んだ落葉樹の梅の木を御神木としている場合もある（注30）。

▲神聖視されているオガタマの木

注30　後世、菅原道真を祭神とする天満宮（天神）は各地にまつられるようになったが、これらの天満宮の境内には必ず梅の木が植えられている。

コラム⑦ 上賀茂神社の「立砂《たてすな》」とは何か

京都の上賀茂神社（賀茂別雷《かもわけいかづち》神社）の境内には、砂を円錐状に盛り上げた不思議なものがある。これは「立砂」と呼ばれ、一種の神籬《ひもろぎ》（神が降臨するところ）である。この立砂は毎日、同じ形、同じ大きさに造られる。古来、神は先端が尖ったところに降臨すると考えられていた。立砂の先を尖らせるのは、そのためである。

立砂は盛砂《もりすな》ともいわれ、天皇など高貴な人を迎えるために、御所《ごしょ》の車寄せの前などに対で造られる。また、飲食店の入口などでは、塩を盛り上げた「盛《も》塩《じお》」というものがよく見られる。これらも上賀茂神社の立砂と同じ神籬に由来するものだ。来客の到来に先立ってその場の穢れを祓い、清浄に保つ意味が込められている。

ちなみに、上賀茂神社の立砂は対で二つ造られているが、これは陰陽《いんよう》を表わしているともいう。つまり陰陽の二気が合わさって、万物が調和することを象徴しているのである。また、有名な葵祭に先だって神霊を招く「ミアレ祭」という秘儀が、上賀茂神社から少し離れた神域で行なわれる（第6章一三七ページを参照）。このときも、斎場に一対の立砂が盛られるという。

▲立砂には神が降臨する

コラム⑧ 神社と御神酒《おみき》の深い関係とは？

日本では古くから酒のことを「ミキ」といい、神事には欠かすことのできない重要なものである。「ミ」は御、「キ」は酒のことで、ミキは酒の美称、あるいは尊称で、「御酒《みき》」と書くこともある。

また、『古事記』などには「クシ」という異名もあり、一説に「奇《く》し」の意味とも考えられている。古代人は酒を飲んで酩酊したときの状態を、一種の神がかり的なものと考えた。そして、祭りのときに神に酒を捧げ、これを祭りに参加した人々が飲むことを重要視した。また、古くは酩酊した人が神のお告げを述べるという信仰もあったようだ。

『古事記』には、須佐之男命《すさのおのみこと》が八俣《やまた》の大蛇《おろち》に八塩折《やしおおり》の酒を飲ませて退治したという有名な話がある。八塩折の酒とは、何度も醸《かも》した上等な酒のこと。ここでは、酒には強敵を破る霊力があるものと考えられている。また、『日本書紀』には木花之佐久夜毘売《このはなのさくやひめ》が日子穂穂手見命《ひこほほでみのみこと》（山幸彦《やまさちひこ》）を生んだときに、酒を醸して祝ったとある。神代の時代から、祝いごとに酒が使われていたのである。

「醸す」という言葉の元は「噛む」で、古代の酒は口で噛んだ穀物などを容器に入れて発酵させたのだ。酒を造ることを醸造というのは、このような古代の酒造法に由来する。

また古くは、酒を醸すのは女性の重要な役割で、後には刀自《とうじ》（一家の主婦）が酒造の全工程を管理するようになった。このことから、江戸時代に現われた酒づくりの職人を杜氏《とうじ》と呼ぶようになったのである。杜氏の字をあてたのは、中国で杜康《とこう》という人が酒を造ったという伝説に基づく。

古来、日本では大国主命《おおくにぬしのみこと》と少彦名神《すくなひこなのかみ》を酒の神と仰

▲奉納された御神酒

いでいる。これは両神が産業の神で、酒造が生産の重要な分野を占めていたことを表わしている。

また、古くは「ミキ」を「ミワ」とも称しており、三《み》輪《わ》山《やま》を御神体とする奈良の大神《おおみわ》神社は酒を司る神として有名である。この神社は大国主命と同一神の大己貴神《おおなむちのかみ》、少彦名神を祭神としている。三輪山周辺では、古代の祭祀で酒を供えたと見られる土器片などが多数出土している。

さらに、京都の松尾《まつのお》大社には境内に「亀の井」という霊泉がある。この泉の水が美酒を造るのに適しているという伝説に基づいて、松尾大社の祭神は酒造、醸造の神として古来、崇拝されている。今日でも、松尾大社の分霊をまつる蔵元は全国各地に見られる。

第5章

神々の深遠なルーツ

日本の国土を創生した神々とは？

『古事記』などの神話（注31）によれば、太古の昔、混沌としていた天地がやっとおぼろげながら分かれたとき、高天原《たかまがはら》（天上界）に天之御中主神《あめのみなかぬしのかみ》をはじめとする五柱《いつはしら》の神が生まれた。これらの神々は国土創生の基礎固めをしたため、「別天津神《ことあまつかみ》」といわれ、特別な神として敬われている。

別天津神の次に生まれたのが、国土の根元である国之常立神《くにのとこたちのかみ》と豊雲野神《とよくもののかみ》の二神である。この二神までは独神《ひとりがみ》（独身の神）で姿を現わさなかった。しかし、以降に生まれてくる神々は夫婦で、この世に姿を現わすようになる。

夫婦の神として最初に生まれたのが、宇比地邇神《うひぢこのかみ》とその妻の須比智邇神《すひぢこのかみ》、続いて角杙神《つのぐいのかみ》と妻の活杙神《いくぐいのかみ》、意富斗能地神《おおとのぢのかみ》と妻の大斗乃辨神《おおとのべのかみ》、於母陀流神《おもだるのかみ》と妻の阿夜訶志古泥神《あやかしこねのかみ》、イザナギノミコトとイザナミノミコトが次々と生まれた。

国之常立神と豊雲野神は独神で二代、以降に生まれた夫婦の十柱《とはしら》の神はペアで五代、合計七代ということになる。これらの神々が、世界のおおよその形を作り上げた。そこで、十二柱の神をとくに「神世七代《かみよななよ》」と呼んで重んじるのである。

注31　神々の神話は『古事記』『日本書紀』を中心に、『出雲国風土記』など、各国の風土記などにも詳しく述べられている。

イザナギ・イザナミとは如何《いか》なる神か

神世七代の時代までに、世界のおおよその姿はできあがった。しかし、いまだ完全ではなかったので別天津神たち一同は、イザナギノミコトとイザナミノミコトに世界を完成するよう命じた。そこで、二人が国造りに励み、大八島国《おおやしまのくに》（日本列島）ができあがった。国造りを終えた二神は、今度は山や川、海の神、樹木や岩の神、そして五穀の神などを次々と生んだ。しかし、最後に火の神を生んだため、イザナミはホト（女陰）を焼かれて死んでしまう。

最愛の妻を失ったイザナギは悲しみの日々を過ごすが、やがて意を決したイザナギは、イザナミが赴いた黄泉国《よみのくに》（死者の国）を訪ねることにした。長い旅をして黄泉国にたどりついたイザナギは、戸口の向こうにいたイザナミに、もう一度、生きかえって一緒に国造りに励んでくれるよう懇願する。

イザナミも愛する夫の申し出に同調するが、自分はすでに黄泉国の住人だから、現世に帰れるかどうか自分では判断がつかない。ついては、黄泉国の神に頼んでみるから、その間、戸口から決して中を覗かないようにと、きつく戒めた。

しかし、イザナミはなかなか出て来ない。しびれを切らしたイザナギは、こっそり中を覗いてしまう。すると薄明かりの中に、無数のうじ虫がたかったイザナミの死体があった（注32）。

イザナミは、あれだけ厳重に戒めたにもかかわらず、戸口から中を覗き、自らの醜い姿を見たイザナギに対して激怒する。イザナギも最愛の妻の変わり果てた姿に仰天して、一目散に逃げ出す。怒り狂ったイザナミは黄泉国の軍勢を引き連れて、猛然と追いかける。イザナギはなかなか追っ手を振り切れなかったが、黄泉国の出口付近の黄泉比良坂《よもつひらさか》まで来たときに、そこにあった桃の実を採って投げつけると、追っ手はすぐさま退散した。

ちなみに、古くは、桃の実には邪悪なものを払いのける霊力があると、信じられていたのだ。

やっとのことで、黄泉国から逃れたイザナギは日向《ひむか》（宮崎県）の清流で、黄泉国の穢れを洗い落として身を清めた。これが禊祓《みそぎはらい》の起源といわれている。このときに多くの神が生まれた。最後に顔を洗ったときに左目からは天照大御神が、右目からは月読《つくよみの》命《みこと》が、鼻からは建速須佐之男命《たけはやすさのおのみこと》が生まれた。

イザナギはこの三神が生まれたのをことのほか喜び、三貴子《みはしらのうづみのみこ》（三柱の貴い子供）と名づけて後世を託すことにした。

注32　古墳の内部の様子を表わしていると考えられる。

天照大御神《あまてらすおおみかみ》はなぜ日本の祖神《おやがみ》と仰がれるのか

イザナギノミコトから生まれた三貴子のうち、天照大御神の子孫に天孫《てんそん》・瓊瓊杵《ににぎの》尊《みこと》があり、木花之佐久夜毘売《このはなのさくやひめ》と結婚して日子穂穂手見命《ひこほほでみのみこと》（山幸彦《やまさちひこ》）を生んだ。そして、山幸彦と豊玉毘売命《とよたまひめのみこと》との間に生まれた鵜葺草葺不合命《うがやふきあえずのみこと》が玉依毘売《たまよりひめ》と結婚する。そこから生まれたのが初代の現人神《あらひとがみ》（注33）、神武《じんむ》天皇である。

神武天皇が即位したのは紀元前六六〇年の元日ということになっており、明治五年以降はこの年を紀元元年とした。ちなみに、神武天皇の在位は七十五年間の長きにわたり、紀元前五八五年に百二十六歳の生涯を閉じたと伝えられている。その後、天皇家は万世一系を保ち、現在まで百二十五代の天皇が続いているといわれている。

天照大御神が天皇家の祖神、ひいては日本の祖神といわれて格別に敬われ、その天照大御神をまつる伊勢神宮が日本の神社の中で最高の地位を得ているのは、前述したような神話に基づくものだ。

ただ、これはあくまでも神話の中の話で、史実とは異なる。しかし、ご存知のように、第二次世界大戦前までは学校でも万世一系の天皇の歴史が教えられていた。

注33　天皇のこと。一般に神は姿を現わさないが、天皇は生身の姿を現わした神ということで、このように呼ばれた。終戦後、昭和天皇が「人間宣言」をしたことは有名。

須佐之男命《すさのおのみこと》——波乱万丈の軌跡とは？

須佐之男命（以下、スサノオという）はイザナギノミコトが黄泉国の穢れを祓うために禊《みそぎ》をしたときに、その鼻から生まれた三貴子《みはしらのうづみのみこ》の一人である。父のイザナギは、姉の天照大御神（以下、オオミカミという）には高天原を、次の兄の月読命には夜の国を、そしてスサノオには海原を治めるように命じた。

二人は父の命に従ったが、スサノオだけは従わず、泣きわめくばかりだった。父のイザナギが理由を尋ねると、自分は母のイザナミノミコトがいる黄泉国に行きたいと言う。イザナギは懇々と諭すが、スサノオは一向に聞き入れない。愛想を尽かしたイザナギはスサノオを追放し、自らは近江国《おうみのくに》に引きこもってしまう。

父に見放されたスサノオは、姉のオオミカミに別れを告げるため高天原に昇っていった。そのとき、国土全体が震動するほどの勢いだったので、オオミカミは弟が高天原を乗っ取りに来たに違いないと思って警戒する。間もなく疑いも晴れ、スサノオは高天原に留まることを許された。ところが、しばらくすると、数々の狼藉《ろうぜき》を働きはじめ、しまいには天衣を織る神聖な機屋《はたや》に皮を剥いだ馬を投げ込むという暴挙に出た。

これに激怒したオオミカミは、天岩戸《あまのいわと》に隠れてしまう。これが有名な岩戸隠れである。世の中は真っ暗になり、悪神がはびこり出した。そこで、八百万《やおよろず》の神がオオミカミを岩戸から引き出す作戦を練り、天宇受売命《あめのうずめのみこと》が裸でエキセントリックな踊り（注34）を踊ったりして、やっとのことでオオミカミを引き出した。世の中に明るさが戻り、悪神も退散したが、スサノオは高天原から永久追放されることになった。

高天原を追放されたスサノオは孤独な漂泊の旅に出、出雲国《いずものくに》の肥河《ひかわ》の川上で老夫婦と一人の美しい娘のいる家に至る。老人は大山津見神《おおやまづみのかみ》の子供で足名椎《あしなづち》、老妻の名は手《て》名椎《なづち》、娘の名は櫛名田比売《くしなだひめ》だと言う。三人の親子が嘆き悲しんでいるので、スサノオがその訳を尋ねた。すると、この地では毎年、八俣《やまた》の大蛇《おろち》（頭が八つある大蛇）が来て若い娘を食らう。自分たちには八人の娘がいたが、みな大蛇に食われてしまい、最後に残ったこの娘も間もなく食われてしまう。それで三人で泣いているのだと言う。

そこで、スサノオは八俣の大蛇を退治するから櫛名田比売を嫁にくれないかと言い、老人もこの申し出に二つ返事で承諾する。果たして、スサノオは八つの樽に酒を満たして、大蛇がしたたかに酔っ払ったところを十拳剣《とつかのつるぎ》で斬りつけ、見事にこれを退治した。そのとき、大蛇の尾から剣が出てきた。これが三種の神器の一つ、天叢雲剣《あめのむらくものつるぎ》だ。無事に大敵を退治したスサノオは、約束どおり櫛名田比売と結婚して多くの神々を生んだ。神話によれば、その六代目が大国主命である。

注34『古事記』には、「神懸《かむがか》りして、胸乳《むなち》をかき出で、裳緒《もひも》をほとにおし垂れき」と記されている。つまり、神懸りした天宇受売命は、乳房を露《あらわ》にして紐をほと（陰部）に押し入れて乱舞したというのである。

天津神《あまつかみ》と国津神《くにつかみ》のプロフィール

高天原（天上界）に住む神や、高天原に生まれて地上に降りてきた神を天津神といい、天孫降臨以前から地上に住んでいた神を国津神という。

この世に最初に出現した天之御中主神《あめのみなかぬしのかみ》をはじめとする五柱《いつはしら》の神が最も古い天津神で、神話の中では「別天津神《ことあまつかみ》」といわれ、とくに重視されている。次に国の根本である国之常立神《くにのとこたちのかみ》以下、大八島国《おおやしまのくに》（日本列島）を造ったイザナギ・イザナミ、そして、イザナギから生まれた天照大御神をはじめとする神々までが天津神だ。

国津神の代表は須佐之男命や大国主命だ。須佐之男命は父親のイザナギから海原を治めるように命じられた。はじめはこれに反発し、高天原に昇って大暴れをした。しかし、やがて櫛名田比売《くしなだひめ》と結婚し、国津神として地上に落ちつくことになる。その須佐之男命から六代目の子孫が大国主命で、出雲大社に鎮座した。

そして、天津神を「天神《てんじん》」といい、国津神を「地神（地祇《ちぎ》）」と呼び、両者を合したものが「天神地祇」、いわゆる八百万《やおよろず》の神である。ただし、「天神さま」という場合は、天津神ではなく、学問の神・菅原道真を指す。

大国主命《おおくにぬしのみこと》が因幡《いなば》の白兎を助けた訳

大国主命は須佐之男命の六代目の孫で、八十神《やそがみ》（八十柱の神）といわれるほど多くの兄弟がおり、大国主命はそのいちばん末の弟だった。

あるとき、因幡国（鳥取県東部）に八上比売《やがみひめ》という美しい娘がいることを知った八十神は、そろって求婚の旅に出る。兄弟の荷物を持たされて大きな袋を担いだ大国主命は、兄弟たちに遅れてついていった。

八十神が気多《けた》の岬にさしかかると、一匹の白兎が皮を剝がれ赤裸になって泣いていた。兎が助けを請うと、八十神は、海水を浴び、小高い丘の上に横たわって風に当たっていれば自然に治ると、兎をからかって嘘を教えた。兎は言われたとおりにした。そのため、風に当たって皮膚がひび割れ、ますます痛みがひどくなって苦しんでいた。

ちょうどそこに大国主命が遅れてやって来て、兎が苦しんでいる訳を尋ねたのだ。兎は「隠岐島《おきのしま》（注35）に住んでいた私は、本土に渡ってみたいと思いましたが、渡る手段がありません。そこで、一計を案じて海のワニザメをだまし、私とワニザメとどちらが仲間が多いか、比べっこをしようと持ちかけました。すると、ワニザメは私の

注35　島根県沖に浮かぶ島で、かつては隠岐国と呼ばれていた。多くの神話や伝説が伝えられている。

言葉を真に受けて、隠岐島から気多の岬まで仲間を一列に並ばせました。私はワニザメを数える振りをして、背中の上をピョンピョン跳ねてここまで渡ってきました。そして、渡り終わろうとしたときに、『お前たちはだまされたんだ！』と、ワニザメをあざ笑ったのです。その途端、いちばん最後に並んでいたワニザメが私に襲いかかって、このとおり皮を剝いでしまったのです。そこで、先に通りかかった八十神に助けを求めて、その教えに従ったところ、ますますひどくなってしまいました」と答えた。

これを聞いた大国主命は兎を憐れみ、すぐに真水で身体を洗って、蒲《がま》の穂綿にくるまるようにと教える。そして、兎が言うとおりにしたところ、みるみる回復して元どおりの身体にもどった。

喜んだ兎は大国主命に、「八十神は決して八上比売を射止めることはできません。今は大きな袋を担いで下働きをなさっていますが、あなたこそが八上比売を娶《めと》るのにふさわしい方でございます」と言った。

果たして兎の言葉どおり、八上比売は八十神たちのプロポーズをことごとく断り、大国主命との結婚を誓う。八十神たちはこれに激怒して、大国主命を殺そうとする。しかし、最後には大国主命が勝利し、八上比売を娶って豊葦原中国《とよあしはらのなかつくに》の王、すなわち国津神《くにつかみ》の代表となったのである。

国譲りの神話に隠された謎とは？

大国主命は豊葦原中国の王となった。しかし、後には天照大御神にこの国を譲るよう迫られた。大国主命はこれに最後まで抵抗した。だが、けっきょく出雲に壮大な神殿を建てることを条件に、この国を譲ることになる。天照大御神はその御子《みこ》（子供）の天穂日命《あめのほひのみこと》に立派な宮殿を造って、大国主命に従順に仕えるように命じたという。その宮殿が出雲大社の起源であるといわれ、また、天穂日命の子孫は出雲の国造《くにのみやつこ》として代々、出雲大社の宮司職を受け継いでいるというのだ（第３章五六～五七ページを参照）。

また、記紀の神話では大国主命は須佐之男命の直系の孫ということになっている。つまり、ここでは天照大御神との神縁（一般には血縁に相当する）が主張されているのである。

しかし、これらの神話の記述は、天照大御神をはじめとする天皇家の神々の序列の中へ、大国主命を組み入れるために作られた話である。すなわち、記紀の神話は天皇家の正統性を示すために作られたもので、古くから各地にまつられていた国津神（土着の神）は、すべて天照大御神を祖とする天津神の支配下に置かれることになったのである。

大国主命もそうした土着の一神であった。『出雲国風土記《いずものくにふどき》』（注36）には、そのルーツと見られる神についての記述がある。それによれば、出雲には太古の昔から八束水臣津野命《やつかみのおみつぬのみこと》という巨人の水神がいたという。そして、この神が朝鮮半島や北陸地方などの余った土地を「国来《くにこ》、国来」と言って引き寄せ、国造りをしていたというのである。

つまり、この八束水臣津野命をモデルにして作られたのが、記紀の神話の中で少彦名神《すくなひこなのかみ》とともに国造りをする大国主命だったと考えられる。そして、『出雲国風土記』の中では出雲の国造りをした神が、記紀では豊葦原中国（日本の国土）を造った、国家的な規模の神となる。このように、大国主命は記紀の神話の中で国津神の代表として作り替えられたのである。

しかし、因幡の白兎のエピソードからもうかがうことができるとおり、この神はもともと素朴な信仰に裏付けられた、温和な性質の持ち主だった。そして、その温和な性質が後世、人気を呼んだのである。現在でも、最も人々に親しまれている神ということができるだろう。

注36　元明《げんめい》天皇は和銅６年（713）、勅令で諸国の風土や物産、宗教などについて記した「風土記」の編纂を命じた。出雲国（現在の島根県東部）に関するものが『出雲国風土記』で、現存する風土記の中で完全な形を留めている。

日本武尊《やまとたけるのみこと》はどんな最期を迎えたのか

日本武尊は景行《けいこう》天皇（第十二代）の皇子で、はじめオウスノミコトといった。天皇はオウスノミコトの勇猛な性質を見込んで、九州の熊襲《くまそ》（注37）の征討を命じた。命を受けたミコトは伊勢神宮に赴き、叔母の倭姫命《やまとひめのみこと》から衣裳を借り受ける。九州に着いたミコトはこの衣裳を着て女装し、折しも館の新築祝の酒宴に潜入した。美しい少女に変装したミコトは、首領のクマソタケルを見事に倒した。このとき、敵ながらその武勇に感動した首領は、自らの名にちなんでヤマトタケルの名を与えて絶命した。

大和に凱旋した日本武尊は、今度は天皇から東国《とうごく》征討を命じられる。任地に赴くに先だって、伊勢神宮に参拝したミコトは、倭姫命から三種の神器の一つ、天叢雲剣《あめのむらくものつるぎ》と一つの袋を授けられ、火急のときには、この袋を開けるように告げられる。

東征の旅に出た日本武尊は尾張《おわり》国（愛知県西部）に至ったときに、尾張の国造《くにのみやつこ》の娘、ミヤズヒメと結婚の約束をして、さらに東征の旅を続ける。駿河《するが》国（静岡県東部）に差しかかったときミコトは賊に襲われ、火を放たれて絶体絶命の窮地に立たされた。このとき、倭姫命から授かった袋を開けると、中に火打石が入っていた。そこで、日

注37　『古事記』などの神話に登場する九州南部の部族で、しばしば中央の政権に反逆した。歴史的には、同じくこの地方に住んでいた隼人と考えられ、日本民族であるが南方系の独特の風俗を持っていた。

本武尊は剣で周囲の草を刈り、火打石で火をつけて向かい火を焚いて難を逃れた。このことから、天叢雲剣は草薙剣《くさなぎのつるぎ》と呼ばれるようになり、この地を焼津《やいづ》を呼ぶようになった。九死に一生を得た日本武尊は、さらに幾多の困難を乗り越えながら、相模《さがみ》（神奈川県）、上総《かずさ》（千葉県中部）を経て日高見国《ひだかみのくに》（仙台平野）に至り、見事、蝦夷《えぞ》を平定してその重責を果たした。

その後、尾張国に戻り、約束どおりミヤズヒメと結婚する。しかし、落ちついたのも束の間、伊吹山《いぶきやま》（注38）に悪神がいると聞いて、その討伐に向かう。このとき、各地を転戦して百戦錬磨の日本武尊は自らの力を過信して、伊吹山の荒ぶる神ぐらいは素手で倒せるだろうと考えた。そこで、草薙剣をミヤズヒメの館に置いて出かけていった。

ところが、伊吹山に入った日本武尊が不用意に勝利を宣言したことから、山の神の逆鱗《げきりん》に触れる。たちまち山は荒れ狂い、深い霧に閉ざされた。妖気にあてられた日本武尊は重い病を得てしまう。日本武尊は病身を押して尾張に帰ろうとして伊勢の能褒《のぼ》野《の》というところに至り、「倭《やまと》は　国のまほろば　たたなづく　青垣山隠《あおがきやまごも》れる　倭しうるわし」という有名な故郷の美しさを称えた望郷の歌を残して絶命する。

駆けつけたミヤズヒメらが、ここに御陵を造ってミコトの遺体を葬ったが、ミコトの霊は白鳥になって飛び去ったという。それから間もなく、ミヤズヒメが尾張一族の斎場に草薙剣を奉安した。これが、名古屋にある熱田《あつた》神宮の起源だという。

注38　滋賀県と岐阜県の境に連なる伊吹山地の主峰。標高1377メートル。東南麓を下ったところに、「天下分け目」の関ヶ原古戦場がある。南西の斜面にはスキー場があり、冬はにぎわう。

稲荷の神が親しまれている理由

稲荷信仰は八幡信仰と並んで日本の神社信仰の双璧をなし、全国に点在する稲荷社の数は約四万社ともいわれる。日本には十数万社の神社があるが、稲荷社と八幡社を合わせて、その半数を占めるという盛況振りだ。また、「お稲荷さん」として親しまれている稲荷社は、民家や工場、会社などの敷地内、あるいはビルの屋上にもあって、朱塗の鳥居の向こうに稲荷神がまつられている。こうした稲荷社まで含めると、その数は膨大なものになるだろう。

この稲荷社の祭神の正体、稲荷神は記紀の神話には、ウカノミタマ、あるいはウケモチノカミと記されている。これは稲の魂を神格化したもので、食物を司る神とされている。

また、「イナリ」の原義は「稲成」であると考えられている。稲の成長する力を象徴的に表わしたものだという。さらに、豊かに実った稲を収穫して荷い《にな》（担って）、神に捧げる姿から連想して、「稲荷」の字が当てられたものと考えられている。

このような語源解釈からも分かるとおり、イナリはもともと農耕の神として信仰されてきた。そして、古くから稲作を営んできたわれわれ日本人にとって最も重要な、同時に最も親しみやすい神だったのである。前述したように、後世、全国の至るところにまつられて、爆発的な信仰を得たのは、稲荷のこのような性格による（注39）。

　時代が下って商業経済が盛んになると、稲の順調な成育を助ける稲荷神の性格が商業の発展に結び付けられ、商売繁盛の神として人気を集めるようになる。そして、江戸時代にはこのような稲荷信仰は隆盛を迎える。商家の庭先や町の辻に朱塗の鳥居が建てられ、稲荷の社が造られるようになった。

▲全国に点在する稲荷社

　ちなみに、稲荷社の前には必ずキツネが鎮座している。これは稲荷神の使いであって、稲荷神の本体ではない。愛知県の豊川稲荷には、「稲荷の精」という稲荷神の本体がまつられている。要するに、その実態は稲の成長する力を象徴した抽象的な神なのである。

注39　イナリはもともと、6世紀ごろ山城国（京都）一帯で農耕や機織《はたおり》などを営んでいた、渡来人系の秦《はた》氏の氏神だった。秦氏は巨万の富を得て大成功を収めたので、その氏神がクローズアップされた。

稲荷とキツネの霊妙な関係とは？

稲荷社には、必ず一対のキツネがまつられている。一般にはこれが稲荷神と同一視されているが、キツネは稲荷神の使いであり、狛犬《こまいぬ》と同じように社前を護る役目を担っている。

稲荷とキツネの関係については謎が多く、はっきりしたことは分からない。しかし、稲荷は農耕の神で、日本人が古くから信仰していた田の神と同類のものと考えられている。そして、田の神は春先の農耕の季節に先駆けて、山から里に降りてきて作物の順調な生育を助け、秋の収穫が終わると山に帰っていくと信じられていた。このような田の神の性格が、春先に発情して人里近くを歩き回るキツネの習性と結び付いて、両者が深く関係するようになったものといわれている。

また、稲荷神は仏教とともにインドから伝えられた荼吉尼天《だきにてん》と同一視されている。荼吉尼天というのは神通力《じんずうりき》で六ヶ月前に人の死を知り、その心臓を食らうことから胆喰魔《たんじきま》とも呼ばれている。そして、キツネも動物の死骸から内臓をえぐり出して食べる習性があるため、稲荷、荼吉尼、キツネの三者が同一視されるようになったのだ。

さらに、平安時代末ごろからは、稲荷と結び付いたキツネを神秘的な動物と見なし、山伏などが呪術《じゅじゅつ》の駆使霊《くしれい》としてキツネの霊を用い、憑依託宣《ひょういたくせん》（神の霊が人に乗りうつって、神の言葉を伝えること）を行なうようになった。つまり、キツネの霊を仲立ちとして稲荷の霊を人に乗りうつらせたのである。このようなことから、キツネはしだいにその神秘性を増し、稲荷大明神《だいみょうじん》そのものと見なされるようになった。

キツネと結び付いたこうした稲荷信仰はさらに盛んになり、江戸時代には大流行する。この時代、山伏などが「稲荷下《さ》げ」「稲荷おろし」などと称して呪術を行なった。これらの呪術は、もともと除災招福《じょさいしょうふく》（災難を避け、福を呼ぶこと）を祈願するものだった。しかし、キツネの神秘性が高まるにつれて、人に憑依した狐霊《これい》（キツネの霊）が予言をするといったことも行なわれ、ますます人気を呼ぶようになった。「狐憑《きつねつ》き」などという言葉も、この時代に生まれたものと考えられている。

このように稲荷とキツネとの関わりは非常に深く、単なる使いというにはあまりにも存在感が大きい。そして、世間一般にキツネを稲荷神の本体と見るのも、あながち的外れの解釈ではないということもできよう。

▲豊川稲荷

八幡神《はちまんしん》の正体とは何か

欽明天皇《きんめい》の三十二年（五七一）に大神比義《おおがみひぎ》という人物が三年のあいだ断食して祈ったところ、九州の宇佐八幡にあった池の中から三歳の童子が現われ、「我は誉田天皇《ほんだのすめら》広幡八幡麻呂《みことひろはたのやはたまろ》なり」と言ったという。誉田天皇は応神《おうじん》天皇のことで、自ら八幡麻呂、つまり八幡神だと宣言したのだ。以来、八幡神の正体は応神天皇ということになり、全国の八幡神社には、応神天皇とその母親の神功《じんぐう》皇后を祭神としてまつっている。

これは宇佐神宮の縁起《えんぎ》によるものだが、八幡神が宇佐ゆかりの神であることは間違いない。もともとこの地に勢力を張っていた豪族、宇佐氏の氏神《うじがみ》だったようだ。

宇佐には古来、呪術に長けたものが多く、その存在は早くから朝廷にも知られていた。天皇が病気のときなどには、わざわざ大和まで出向いて平癒を祈願し、その霊験《れいげん》を発揮した。大和朝廷は宇佐の神を守護神として、深く敬っていたようだ。

大和朝廷が勢力を強めると、朝廷は宇佐の神とさらに緊密な関係を求めた。そこで、前述の大神比義が宇佐に乗り込んだというわけだ。大神比義は大和・三輪山《みわやま》のシャーマン（注40）で、朝廷に従属する大三輪《おおみわ》氏の出身とも考えられている。

注40　神霊界と交信できる特殊な能力を備えた人。古代社会では重要な地位を占めた呪術師で、世界的に分布する。邪馬台国《やまたいこく》の卑弥呼《ひみこ》もシャーマンだったといわれている。語源はツングース語、あるいは仏教の沙門《しやもん》（僧侶のこと）に由来するともいう。

つまり、大神比義を使者として宇佐の神の託宣を仰いだ結果、誉田天皇（応神天皇）が出現した。ここに、八幡神と天皇家との強い結び付きができたのである。大神比義が宇佐に入ったことで宇佐一族は没落した。宇佐八幡の祭祀は大神氏がとり行なうことになり、朝廷との関係はますます深まった。

奈良時代には、弓削道鏡《ゆげのどうきょう》（注41）が宇佐八幡の託宣を利用して皇位を狙うという、有名な事件を起こす。これに対して朝廷は、和気清麻呂《わけのきよまろ》を使者として宇佐神宮につかわせ、道鏡の言う託宣の真意をうかがった。その結果、宇佐の八幡神は道鏡の主張が虚偽であるとの託宣を下した。それによって道鏡は失脚したのである。

いずれにしても、奈良時代にはすでに宇佐八幡が国家の一大事を左右する存在だったことが分かる。また、このころからは八幡信仰と仏教との習合《しゅうごう》（融合）が進み、奈良時代の末期には八幡神は「八幡大菩薩《はちまんだいぼさつ》」の称号が与えられるようになった。そして、平安時代前期の貞観《じょうがん》元年（八五九）には、大安寺《だいあんじ》の僧、行教《ぎょうきょう》が京都男山《おとこやま》に宇佐八幡を勧請《かんじょう》（神霊を迎えること）して石清水《いわしみず》八幡宮を創建した。以降、石清水八幡宮は急速に社格が高まり、伊勢神宮に次ぐ「第二の宗廟《そうびょう》」として崇《あが》められた。

八幡神を信仰していた源氏は、鎌倉開幕にあたって八幡神を守護神として勧請した。このため、鎌倉時代には武士の信仰が盛んになり、八幡神は「武人《ぶじん》八幡」として尊崇された。全国にその分社ができ、民衆の間にも八幡信仰が広まったのである。

注41　？～772。称徳《しょうとく》天皇の信任を得て太政大臣、法王の位にまで上った僧侶。失脚後は下野国（栃木県）の薬師寺に左遷され、この地で没した。

エビス神はどこから伝来したのか

平安時代のはじめ、坂上田村麻呂《さかのうえのたむらまろ》（七五八～八一一）が蝦夷を平定して、最初の征夷大将軍《せいいたいしょうぐん》に任ぜられた。このときの蝦夷というのは東北地方の住人を指している。古くはエミシといい、エビスとともに異民族の通称として使われていた。

また、日本には古くから、海の向こうに常世《とこよ》の国（神々の住む理想の国）が存在するという信仰があった。そして、常世の神々が時を定めて、あるいは突然、海の向こうからやって来ると信じられていた。

このような神をマレビト（稀に訪ねてくる客人の意味）の神といい、全国各地の岬などには注連縄《しめなわ》を巡らしたり、鳥居を立てたりしてこの神の斎場が設けられている。

こうしたマレビトの神の一つが、いつのころからか、異民族のイメージと重なってエビスと呼ばれるようになり、盛んに信仰されるようになったと考えられている。

兵庫県の西宮《にしのみや》神社は「えべっさん」の名で親しまれている。この神社に残されている伝説によれば、イザナギとイザナミの最初の子供で、三歳まで足が立たなかったため海に流された蛭子神《ひるこのかみ》が、「天磐樟船《あめのいわくすぶね》」に乗って西宮の浦に漂着したとされている。

また、古くから漁村には、海岸に流れ着いた漂着物や魚網にかかった石などをエビス神の御神体としてまつる風習があり、近年に至るまで全国各地で行なわれていた。さらに、地方によってはクジラやサメ、イルカなどの大型の回遊魚獣を一種の神格として崇める風習もあった。

要するに、エビス神というのは海の向こうからやって来る漂着神で、豊漁をもたらし、海上交通の安全を約束してくれると信じられていたのである。エビス神の信仰が海岸沿いの漁村を中心に発展したことはいうまでもない。鎌倉時代の末ごろからは福神の性格が歓迎されて、各地の市場に守護神として勧請されるようになる。

室町時代以降、エビス神は商業都市を中心に盛んに信仰されるようになった。大きな鯛《たい》を抱えて釣竿を持った姿は、江戸時代以降に商売繁盛の神として作られたものである（注42）。

しかし、商売繁盛の神となっても豊漁の神としてのエビスの性格を、その姿に留めているのである。また、「恵比寿」という縁起の良い字を当てるようになったのも、江戸時代のころからと思われる。

注42　このころから、七福神の一神としても人気を呼ぶようになった。ちなみに、七福神は、エビス、大黒、弁才天、毘沙門《びしゃもん》天《てん》、福禄寿、寿老人、布袋《ほてい》の七神。

氏神《うじがみ》はなぜ崇《あが》められてきたのか

日本では古くから、死者の霊は山に行き、そこにしばらく留まって、浄化された後に天界に昇って神となると信じられていた。これを祖霊《それい》といい、古くは生きている者と血縁関係にある先祖の霊が神となると考えられていた。われわれの祖先は、血縁の氏族《しぞく》を中心に共同体（ムラ）を形成してきたが、それぞれの氏族は祖先神を氏神としてまつっていた。つまり、氏神とはもともと特定の氏族の守り神だったのだ。

このような氏神は村々の鎮守《ちんじゅ》の神としてまつられ、その神を信奉する村人たちが氏子《うじこ》と呼ばれるようになる。時代が下ると、氏族の中にはしだいに勢力を増すものが現われる。彼らは豪族となり、かれらのまつる氏神も強大な勢力を誇るようになった。

豪族たちは自らが信奉する氏神を他の氏族にも信奉するように勧め、あるいは強制的に信奉させた。その結果、有力な豪族を核として、氏神はブロックごとに統一される傾向を生んだ。そして、これらの豪族の頂点に立ったのが、六世紀に大和《やまと》朝廷を作り上げた天皇家で、天皇家が信奉していた氏神、つまり守り神が天照大御神なのである。

太古から稲作を営んでいた日本人は、太陽を稲の順調な生育のために不可欠の存在として崇めてきた。多くのムラで、これを神格化した氏神が守り神としてまつられていた。天皇家が最も重視していた神も太陽神で、これに天照大御神という名をつけて、国家的な神としたのである。

八世紀には『古事記』や『日本書紀』が編纂されて、天照大御神を中心とする神々のランキングが定まり、各地の神社には須佐之男命や大国主命など記紀の神話に登場する神が祭神としてまつられるようになった。

しかし、全国津々浦々の神に天照大御神や須佐之男命という名がつけられても、村人たちにとっては古くから彼らとともにあって、その生活を見守り、助けてくれた氏神の方が親しみ深い。そのため、氏神は素朴な信仰の対象として崇められてきたのである。現在でも氏神と氏子が深い関係で結ばれているのは、そうした長い歴史の上に築かれてきたからである。

▲木々に囲まれた氏神の社

コラム⑨ 和魂《にぎみたま》と荒魂《あらみたま》の表うら

和魂とは温和で優しい神、荒魂は荒々しく、ときに人に害を及ぼす神のことである。このように言うと、和魂、荒魂というそれぞれ別々の神がいるように思われるが、実は両者は同じ神の中に備わる、異なる性格なのである。

『古事記』の「神功皇后の新羅征討《しらぎ》」の段に、住江《すみのえの》大神《おおかみ》（住吉神社の祭神）が、あるときは荒魂をもって軍の先鋒《せんぽう》となって活躍し、また、あるときは和魂をもって天皇に仕えたと記されている。このように日本の神には、一柱《ひとはしら》の神霊の中に相反する二つの性格（側面）があって、時と場合に応じてそれらを使い分けているのである。

また、日本の神は作法に従って丁重にまつれば、五穀豊穣などの幸いをもたらしてくれるが、礼を失すると荒魂の性格を露《あらわ》にして人々に祟《たた》り、天変地異などを起こして荒れ狂うと考えられている。この神の怒りを鎮めるために行なうのが鎮魂祭《ちんこんさい》である。

有名な菅原道真の霊などは、長年にわたって入念な鎮魂祭を行なった結果、その怒りを鎮めることができたのだ。

また、荒ぶる神として知られる須佐之男命なども、誠意をもってまつれば幸いをもたらしてくれる。しかし、礼を失すると、疫病《えきびょう》を流行《はや》らせたりして、さまざまな災いをもたらすのである。

さらに、古くは洪水などの災害は神の祟りとして恐れられていた。大自然の猛威の前に、なすすべがなかった時代には、人間や動物の生贄《いけにえ》を捧げてその怒りを鎮めようとする風習もあった。

ただし、一柱の神が異なった神名をもって別個にまつられている場合もある。たとえば、奈良の大神《おおみわ》神社の祭神である大物主神《おおものぬしのかみ》は大国主命の荒魂であるが、大国主命は和魂として出雲大社にまつられているのである。温和な性格の大国主命は、縁結びの神としても知られている。

そんな大国主命と一心同体の大物主神が、崇神《すじん》天皇の時代に疫病を流行らせて、人々に祟ったといわれている。

さらにまた、和魂には「幸魂《さきみたま》」と「奇魂《くしみたま》」とがある。前者は人々に幸いをもたらす神、後者は奇跡を起こす不思議な力を持った神である。大神神社の祭神の一つである少彦名神《すくなひこなのかみ》は、大国主命の幸魂・奇魂とされている。

少彦名神は大国主命を手伝って、ともに国造りを行なった身体の小さな神である。

そして、国造りをした後に粟粒に弾かれて常世の国に還っていったとされている。小さな身体ではあるが、その奇魂は信じられないほどのパワーを発揮し、幸魂をもって国造りの成就という幸いをもたらしてくれたのである。

コラム⑩ なぜ疫病神《やくびょうがみ》を大事にするのか

京都の八坂神社などで配られるお札には「我蘇民《われはそみん》将来之子孫也《しょうらいのしそんなり》」と書かれている。蘇民将来とは伝説上の人物の名で、疫病神と深い関わりを持つ。

昔、中国の山中で一人の旅人が道に迷い、日が暮れたので一夜の宿を求めた。旅人がお腹を空かせて山中をさまよっているうちに、一軒の豪邸が目の前に現われた。喜んだ旅人は、さっそくその家の主人に事情を話して、一夜の宿と簡単な食事を求めた。

ところが主人は、そんなどこの馬の骨とも分からない人間を泊める部屋もなければ、食料もないと言って無下に断り、旅人を追い払ってしまった。主人の名は荷旦将来《こたんしょうらい》といい、大富豪でありながらケチで有名な人物だったのである。

途方に暮れた旅人が再び山中をさまよっていると、今度はとても貧しげな家の前に出た。彼は、この家では人を泊めるような部屋もなく、まして人に分け与える食事などないだろうと思った。しかし、疲労と空腹でもう一歩も動くことができない。そこで、駄目で元々と思って戸口を叩いてみた。

すると、中からみすぼらしい姿の男が出て来て、旅人をその家に招き入れてくれた。そして、自分の夕食に用意してあった粗末な食事を旅人に与え、藁で寝床を作って旅人を泊めてくれたのである。

このあばら家の主人の名は蘇民将来といい、実は旅人を追い払った富豪の荷旦将来の弟だった。そして、蘇民将来は極めて貧しいが正直で、たいへん優しい心の持ち主だったのである。

翌朝、旅人は蘇民将来に丁重に礼を述べ、茅《かや》の茎で作った輪を手渡した。そして、その輪を肌身離さず持っていれば、決して疫病《えきびょう》にかかることはないと言って、立ち去っていった。

実は、この旅人の正体は疫病神で、その神を丁重にもてなした蘇民将来は疫病にかかることなく、貧しいが幸せな生涯を送った。いっぽう、疫病神を冷たくあしらった兄の荷旦将来は、間もなく疫病にかかって死んでしまったという。

疫病神は手厚くもてなす者には祟らないが、これを粗末にする者には猛威を振るう。これが、この伝説の言わんとするところだ。そして、この話がいつのころか日本に伝えられた。

先に述べた八坂神社のお札などに書かれている言葉には、「私は蘇民将来の子孫だから、ご先祖さまと同様、あなた様（疫病神）を手厚くもてなします」という意味が込められているのである。

ちなみに、全国で行なわれている裸祭りの多くは「蘇民祭《そみんさい》」といわれる。やはり「我蘇民将来之子孫也」と書かれたお札を裸男たちが奪い合う祭りだ。このお札を手に入れることが、蘇民将来の正統を受け継ぐと信じられているのだ。

第6章

楽しい祭礼と厳かな神事

日本人はなぜさまざまな祭りを行なうのか

夏祭りに秋祭り。全国各地の神社では、一年を通じて実にさまざまな祭りが行なわれている。各地の祭りの規模や形態はいろいろだが、その趣旨は神々に感謝し、さらなる加護を期待することにある。

たとえば、全国各地で、秋に行なわれている新嘗祭《にいなめさい》は新米を収穫できたことを神に感謝する祭りだ。また、春に行なわれる御田植祭《おたうえまつり》は神の御加護によって無事に作物が生長することを願う祭りである（注43）。さらに、京都の祇園祭に代表される御霊祭《ごりょうさい》は疫病退散と無病息災を神に祈願する祭りで、多くは夏に行なわれる。

「さわらぬ神に祟りなし」といわれるように、日本の神は丁重にまつればさまざまな御利益を与えてくれるが、粗末にするとバチがあたると信じられている。また、神は祭りのときに降臨して、氏子《うじこ》などに神威《しんい》を授けると考えられている。

このような性格の神に、できる限りのもてなしをして、喜んでもらうのが祭りの原点だ。だから祭りのときには最高のご馳走を用意して神に供え、神楽《かぐら》などを演じる。人々の意志が通じれば、神が御利益を授けてくれると考えられている。そして、神が

注43　御田植祭などは、豊作を願い、あらかじめこれを祝っておく祭りである。このような祭りを「予祝祭《よしゆくさい》」、新嘗祭など収穫に感謝する祭りを「感謝祭」と呼ぶ。

喜べば人々も喜ぶ。だから祭りは楽しいのだ。

ところで、祭りの中には長野の諏訪大社の御柱祭《おんばしらさい》（注44）のように、ときには死傷者の出るような、荒々しい、危険なものも少なくない。こうした祭りは荒ぶる神を祭神とする場合が多い。荒ぶる神は、人々の死をも恐れない勇敢な姿を見て喜ぶといわれている。

▲神楽を演じる巫女《みこ》

注44　寅《とら》年と申《さる》年の七年ごとに行なわれる大祭。長さ20メートルにも及ぶ巨木の柱を、氏子たちが十数キロの山道を運んで神前に立てるもので、途中、氏子が柱に乗ったまま急坂をすべり降りるなどする豪壮な祭り。天下の奇祭として知られている。

神迎えと神送り——祭りのプログラムとは?

古くは神社には社殿がなく、神は祭りのときにだけ鎮守の杜などの聖域に降臨すると考えられていた。だから、祭りはまず神を斎場に迎えることから始まる。神を迎えるに際しては、神職や氏子が禊《みそぎ》をしたりして精進潔斎《しょうじんけっさい》(身を清めること)する。精進潔斎の期間は一、二日から数十日に及ぶこともある。

無事、迎えられた神には本殿でゆっくり休んでいただく。かがり火を灯し、神饌を供え、氏子たちが付き添って一夜を過ごす。これが宵宮《よいみや》と呼ばれるものだ。

翌日は御輿《みこし》が練り歩いたり、神楽を奉納したりする。御輿が練り歩くのは神の威光(エネルギー)を近隣に振りまくため。神楽を奉納するのは神々に心ゆくまで楽しんでもらうためだ。祭りはふつう一日で終わる場合が多いが、神社によっては二日、三日と続くところもある。これが祭りの本番で、多くの参拝者で賑わう。

祭りが終わると、今度は神に天界に帰っていただく。つまり、神送りの儀式を行なう。一般にはあまり目立たないが、祭りを締めくくる重要な儀式だ。前述したように神は祭りのときにだけ、神社に降臨する。そして、降臨した神をもてなすのが祭りで、人々は祭りの期間できる限りのもてなしをする。

神は丁重にもてなせば御利益を授けてくれる。しかし、いい加減なもてなし方をしたり、不敬を働いたりするとバチがあたると信じられてきた。そして、一日か数日間は緊張感を保って神をもてなすことができるが、神の滞在が長期にわたると緊張感が途切れて、知らず知らずのうちに不敬を働いたりする。そうならないようにして、祭りが終わったら神には天界に帰っていただく。これが神送りだ。

神を送ったあとは直会《なおらい》（本章一三五〜一三六ページを参照）という宴を開いて、神に捧げた神饌や御神酒を、神職や氏子たちがともに頂く。直会を済ますと祭りも無事に終わり、人々はふだんの生活に戻っていくのである。

▲神迎え。京都・下鴨神社の御蔭祭《みかげ》

神社の祭りにはどんな種類があるのか

神社では実にさまざまな祭りが行なわれているが、祭りの中で最も盛大に行なわれるのが例大祭である。これは各神社のメインになる祭りで、御輿や山車《だし》が出て、多くの参拝者や見物人で賑わう。京都の葵祭は上賀茂神社と下鴨神社、祇園祭は八坂神社の例大祭である。中小の神社では「夏祭り」「秋祭り」などが例大祭に当たる。

ふつう例大祭は毎年行なわれるが、数年に一度、あるいは数十年に一度、行なわれるものもあって、これを式年祭《しきねんさい》と呼んでいる。たとえば、長野県の諏訪大社の「御《おん》柱祭《ばしらさい》」などは七年に一度、伊勢神宮の式年遷宮（第9章一九三ページを参照）は二十年に一度の式年祭だ。

この例大祭や式年祭のほかにも、神社ではいろいろな祭りが行なわれている。たとえば、年の初めに一年の無事息災を祈願する歳旦祭《さいたんさい》、春先にその年の五穀豊穣を祈願する祈年祭《きねんさい》、六月と十二月の晦日《みそか》に行なわれる大祓《おおはらえ》、六月に神様の衣替えとして行なわれる御衣祭《おんぞさい》、十一月の新嘗祭《にいなめさい》などが各地の神社で催されている。

さらに、神に特別の神饌を供える月次祭《つきなみさい》（注45）が毎月行なわれ、中小の神社でも

注45　伊勢神宮では６月と12月に行なわれ、11月の神嘗祭（新嘗祭）とともに三時祭と呼ばれる重要な祭りである。一般の神社では、月に２回行なうところもある。

一年間に十数度の祭りが、大社では数十から数百の祭りが行なわれている。ちなみに、伊勢神宮では一年間に千数百の大小の祭りが行なわれており、一年三百六十五日、祭りがない日はない。

さらに、このような恒例の祭りのほかに、新たに祭神《さいじん》を招いたり、新しく神社を創建したりする場合に行なう「鎮座祭《ちんざさい》」、社殿の建て替えなどに伴って祭神を遷《うつ》すときに行なわれる「遷座祭《せんざさい》」（注46）などが不定期に行なわれる。

そのほか、神社では七五三や成人式、結婚式といった人生の通過儀礼も行なわれる。神道ではこれらの通過儀礼も祭りの一種として位置づけている。

御輿や山車は出ないが、これらも立派な祭りなのである。神社はまさに祭りのための空間だということがよく分かる。

▲名古屋・熱田神宮の御衣祭

注46　社殿の建て替えの間、祭神は権殿《ごんでん》と呼ばれる仮の社にまつられる。

新嘗祭《にいなめさい》の本来の意義とは？

「にいなめ」の「にい」は新しいものの意味、「なめ」は食べるという意味。初穂《はつほ》（新米）を神に捧げ、神とともに頂くのが新嘗祭だ。古くから稲作を営んできた日本人にとって、秋の収穫の時期は一年で最も喜ばしいときである。この時期に神前に初穂を捧げて神に報告し、神のご加護に感謝するのが新嘗祭で、その起源は古く弥生《やよい》時代にまでさかのぼると考えられる。

かつては、旧暦十一月の「二《に》の卯《う》（二番目の卯の日、また、卯の日が三回ある年には三の卯）」に行なわれていたようだが、明治六年（一八七三）に太陽暦（新暦）を採用してからは、十一月二十三日と定められた。

現在でも、宮中では新嘗祭が古式に則ってとり行なわれる。十一月二十三日の夕刻、天皇は身を清めて宮中の神嘉殿《しんかでん》という簡素な建物に入る。あらかじめ調理された新穀と酒を中心とする神饌《しんせん》を柏の葉で作った皿に青竹の箸で盛りつけ、天照大御神および天神地祇《てんじんちぎ》に夕御饌《ゆうみけ》（神に供える夕食）として供え、天皇自らも同じ膳を召し上がる。夕御饌が終わると再び身を清めて、翌二十四日の早朝には朝御饌《あさみけ》（朝食）を供える。

夕御饌、朝御饌の儀は約二時間にわたり、きわめて厳かに行なわれる。

日本人は古くから、生命の糧である稲には穀霊《こくれい》（稲の魂）が宿ると考えていた。天皇が国民を代表して、新穀を神とともに頂くことによって穀霊が天皇の身体に入り、そのパワーが国民の幸せを実現する。それが宮中の新嘗祭の意義である。

ちなみに、天皇が即位してから初めて行なわれる新嘗祭は大嘗祭《だいじょうさい》と呼ばれ、最近では平成二年（一九九〇）にとり行なわれた。大嘗祭は年々の新嘗祭よりもはるかに大掛かりな儀式だが、その趣旨は新嘗祭と同じである。そして、新天皇が国民を代表して新穀の穀霊を頂くことによって、皇位が継承されたと見なされるのである。

現在でも全国各地の神社では、宮中の儀にならって新嘗祭を行なっている。これは第二次世界大戦前から国家神道（注47）のもとになされていたものだ。かつては、各地の習俗と結び付いた行事が催されており、その名称も「秋祭り」「お日待《ひま》ち」などさまざまで、祭りの形式もいろいろ異なっていたようだ。

また戦後、十一月二十三日は「勤労感謝の日」として国民の祝日になり、「勤労を尊び、生産を祝い、国民が互いに感謝し合う日」と定められている。しかし、その形式は画一化されても、収穫に感謝し、新穀の穀霊を頂くという基本的な趣旨は、宮中の新嘗祭も一般の神社のそれも、あるいは大嘗祭も変わらない。この祭りの中に、日本人の真のアイデンティティを見出すことができる。

注47　明治維新以降、国教と定められ、国家の保護を受けて発展した神道。天皇を現人神《あらひとがみ》として崇拝し、天皇制支配の中心に置いた。軍国主義、国家主義の推進に大きな役割を果たし、太平洋戦争のバックボーンになった。そのため、敗戦直後にＧＨＱ（連合国軍総司令部）の指令により解体された。

京都の祇園祭《ぎおんまつり》に秘められた歴史とは？

八坂神社は古くから牛頭天王《ごずてんのう》をまつる社として信仰されてきた。牛頭天王とは、釈迦が説法をしたことで知られるインドの祇園精舎《しょうじゃ》（注48）の守護神だ。これにより、江戸時代まで八坂神社は祇園社と呼ばれており、この神社の祭りを祇園祭という。

牛頭天王は疫病を司る神で、丁重にまつれば疫病を退散させてくれるが、礼を失すると疫病を流行《はや》らせると信じられた。また、古くから日本では牛頭天王が須佐之男《すさのおの》命《みこと》と同一神として信仰され、八坂神社の祭神も須佐之男命になっている。

平安時代の初めに、疫病が全国に大流行したとき、これを牛頭天王の祟りとした人々が御霊会《ごりょうえ》を行なって、疫病退散を祈願した。それが祇園祭の起源だという。このとき、疫病を退散させるために、二丈（三・六メートル）の鉾《ほこ》を六十八本つくって、御輿とともに練り歩いたという。

六十八というのは、当時の日本の国（大和国、山城国……など）の数に合わせたものである。現在でも長刀鉾《なぎなたほこ》を先頭に山鉾巡行《やまぼこじゅんこう》が行なわれるのは、当時の習慣に基づく。長刀をつけることには、疫病を切り払う意味が込められているのだ。

注48　かつてインドにあったという仏教の僧院（寺院）。釈迦はここで説法して、多くの人を仏教に入信させたといわれている。

祇園祭は当初、疫病が流行るたびに不定期に行なわれていたが、時代が下ると恒例の祭りとなった。かつては旧暦六月十四日を中心に山鉾巡行が行なわれていた。現在は七月十七日（新暦）を中心に行なわれ、その期間が最も賑わう。しかし、祭りは七月一日から二十九日間の長期にわたり、この間にさまざまな神事がある。

祇園祭は八坂神社の祭神の神霊を山や鉾に乗せて各町内を巡り、その霊威によって疫病を退散させ、幸福を願うものだ。このような祭りは、古くから疫病が流行する夏場に全国各地で行なわれていた。そして、八坂神社の祇園祭が盛んになると、全国各地でこれをモデルにした祭りが行なわれるようになった。

博多（福岡）の「祇園山笠《ぎおんやまがさ》」、小倉（北九州）の「小倉太鼓祇園」などのほか、全国各地に祇園祭の名を持つ祭りは多い。また、それらの祭りは京都の祇園祭と同じように、山鉾の巡行を伴うものが多い。その意味で八坂神社の祇園祭は、日本の夏祭りの様式を生み出す源流になったのである。

▲祇園祭の山鉾巡行

祭りのクライマックス、なぜ御輿《みこし》が練り歩くのか

祭りには御輿がつきものだが、御輿が練り歩くことを神幸祭《しんこうさい》という。祭礼の重要な要素の一つで、祭りのクライマックスでもある。神幸は「みゆき」ともいい、「神の出《い》でまし」の意味である。ふだんは神殿の奥深く鎮座している神霊が、外に出てくるのだ。そして、その祭りが神幸祭で、御輿渡御《とぎょ》とも呼ばれる。

御輿はもともと天皇をはじめとする高貴な人の乗り物で、神は天皇を凌《しの》ぐ尊い存在だから最高の乗り物に乗って出でますのだ。

神が出でますのは、神の威光を広く行き渡るようにするためである。本社から分けてもらった氏神の神霊を御輿に乗せて地域を練り歩き、氏子の幸いを祈り、災いを除いてもらうのが御輿渡御の意味だ。また、御輿を「揉《も》む」「練《ね》る」などと称して激しく揺さぶるのは、御輿に乗った神霊の威光をさらに高めるために行なわれるものだ。

また、たいていの祭りでは複数の御輿が練り歩く。東京の三社祭《さんじゃまつり》（注49）などのような大掛かりなものでは、数十基の御輿が巡行する場合もある。これは、日本の神が、その神霊をいくつにも分けてまつることができると信じられているためである。だか

注49　東京は浅草神社の例大祭。毎年、５月の中旬に行なわれ、多くの御輿が練り歩くことで知られている。

ら、どの御輿にも同じ本社の神霊が鎮座しているのであり、その威光に分け隔てがあるわけではない。

神幸の範囲は神社の境内に限られたものもあるが、氏子が住まう地域を練り歩くもの、さらに広い範囲に及ぶものもある。たとえば、石川県の気多《けた》大社の平国祭《くにむけまつり》は、数日をかけて能登半島一円を御輿が渡り歩く。また、広島県の厳島《いつくしま》神社の管弦祭《かんげんさい》では、船に乗った御輿が海上を巡行することでよく知られている。「海上渡御《かいじょうとぎょ》」といい、海の近くに鎮座する神社では、これを行なっているところが少なくない（注50）。

▲京都・松尾大社の神幸祭

このように、各地の歴史や風習に基づいたさまざまな神幸祭、御輿渡御が行なわれるが、祭りが終わると神霊は再び本社の神殿に戻される。御輿は御輿庫などに納められ、次の祭りの時期まで厳重に管理される。

注50　御輿を担いだまま海に入って練り歩くことも、各地で見られる。

御《お》田植祭《たうえまつり》の多彩な内容とは？

秋の収穫を感謝する新嘗祭に対して、春に行なわれるのが豊作を祈願する「田植神《しん》事《じ》」である。この神事には初夏の田植えの季節に行なわれる「御田植祭」と、年の初めに田おこしから収穫までの所作を模倣して行なう「田遊《たあそ》び」とがある。

御田植祭は実際に田んぼに早苗を植えるもので、これに歌や踊りなど種々の芸能が伴う。田植えに先駆けて行なわれ、付近の農家はこの祭を待って田植えに取りかかる。各地にこの祭りを行なうところは多いが、大阪の住吉大社や伊勢神宮の伊雑宮《いざわのみや》の御田植祭などが有名である。

住吉大社では「御田《おんだ》」と呼ばれる、二反歩《たんぶ》（約六百坪）ほどの神田《かんだ》に田植えをする。その間に、歌や田植踊りなど種々の芸能が行なわれる。また、かつて住吉大社では、遊女が早乙女《さおとめ》（田植えをする少女）役を演じる慣例もあった。

各地方には特有の御田植祭の行事が伝えられている。たとえば、愛媛県大三島《おおみしま》町の大山祇《おおやまづみ》神社では、旧暦の五月五日の御田植祭に「独り相撲」が奉納される。相撲の相手は稲の霊（五穀豊穣の神）で、三番勝負を行なって、つねに二勝一敗で神が勝ち、その年の豊作が約束されるというものだ。このほか、神楽や御輿渡御などを行なうところもあり、御田植祭の内容は実に多彩である。

次に「田遊び」は旧暦の正月（現在では二月）に、あらかじめ豊作を祝う「予祝行《よしゆく》事」として催される。この神事は稲の生産の工程を模擬的に演じるものである。田打ち、種まき、田植え、草取り、収穫など一連の農作業の工程を歌や踊りを交えて、各地によって、その地方独特の行事を伝えている場合が多い。

その中で、各地に共通して見られるのは、性交から出産までの場面を象徴的に演じるものである。女性の生殖能力にあやかって、稲の豊作を期待するわけだ。ところが、中にはかなり露骨に演じられるものがある。

たとえば、奈良県明日香村の飛鳥坐《あすかにいます》神社の祭り。ここでは、一連の農作業が模擬的に行なわれた後に天狗とお多福の婚礼となり、性交の場面が演じられる。その際、お多福が紙で陰部を拭くという、何とも卑猥な所作をする。そして、このとき使った紙を「ふくのかみ（拭くの紙）」、すなわち福の神と称し、これを持ちかえると子宝に恵まれるというのである。

▲御田植祭のひとこま

「大祓《おおはらえ》」とはどんな祭礼なのか

神道では、殊のほか穢《けが》れを嫌う。神をまつり、祈願をするためには、まず穢れを祓い、心身を清浄に保つ必要がある。穢れたままの状態でうっかり神に近づくと、バチがあたるのである。このように穢れを祓うことを「祓い」、あるいは「修祓《しゅばつ》」と呼び、祭りや神事の前には必ずこれを行なわなければならない。

祓いの起源はイザナギノミコトが黄泉国《よみのくに》の穢れを祓うために行なった禊《みそぎ》にあるという。神話には、イザナギは身につけていたものをすべて振り払い、海水で身体を洗って禊をしたと伝えられている。現在でも大麻《おおぬさ》というハタキのような祓い棒を振り、塩湯《えんとう》という塩水をかけて穢れを祓うことが一般に行なわれている。大麻はイザナギが身につけていた穢れを振り払ったことを、塩湯は海水を表わす（注51）。

このような祓いのうちで最も大掛かりなものが、六月と十二月の晦日に行なわれる「大祓」で、半年の間に知らず知らずのうちに犯した罪や穢れを祓って、向こう半年間の災厄を除き、幸いを祈るものである。七世紀ごろから宮中の年中行事となり、一般の神社でも行なわれるようになった。

注51　ただし、これは神話上の意味づけで、穢れを祓うという行為自体は人類の歴史とともにあったことは想像に難くない。それが、時代とともに儀式化されて後世に伝えられたのだ。

また、民間では六月の大祓をとくに「夏越《なごし》の祓《はらえ》」と呼んで、盛んに行なうようになった。これは現在でも各地の神社で「茅《ち》の輪《わ》くぐり」と称して、六月三十日に行なわれているものだ。鳥居の下や境内に、茅《かや》を束ねて作った直径三メートル以上もある大きな輪を設け、「みな月の　夏越の祓　する人は　ちとせの命　のぶというなり」などという歌を唱えながら、これをくぐる。

茅の輪は「蘇民将来《そみんしょうらい》」という疫病除《よ》けの護《ご》符《ふ》に由来するといわれ、古くは小さな茅の輪を腰につけたり、首にかけたりして疫病除けのマジナイにしていたようだ（第5章一一三～一一四ページを参照）。夏の疫病流行のシーズンに備えて、いつのころからか大きな茅の輪をくぐる行事が民間で行なわれるようになったものと考えられている。

▲境内にしつらえられた茅の輪

古代から伝わる「太占《ふとまに》神事」とは？

占いは作物の豊凶を知ったり、重要な事柄を決定する手段として太古から行なわれていた。遠い昔は、占いが国家の命運を左右することもあった。科学の発達した現代では、占いの持つ意味も変わってきた。しかし、今でも鹿卜《ろくぼく》、亀卜《きぼく》、盟神探湯《くかたち》などといった占い神事が各地の神社で行なわれている。

まず、鹿卜は鹿の肩甲骨を火であぶり、表面にできたひび割れの具合によって神意をうかがうものである。「太占」と呼ばれるこの占いは、古くより盛んに行なわれていたと見られ、弥生時代の遺跡などから鹿卜に使われたと見られる鹿の骨が多く出土している。かつては国家の重大事に際して行なわれる重要な占いだった（注52）。

また、鹿卜を現代に伝えている神社もある。群馬県富岡市の一之宮《いちのみや》貫前《ぬきさき》神社や東京・青梅市の御岳《みたけ》神社などでは、今も太占神事が行なわれている。とくに、貫前神社では、ほぼ正確に古式を踏襲していると見られている。

しかし、鹿卜は早くに姿を消し、古代中国で盛んに行なわれた亀卜が登場した。これは鹿の骨の代わりに亀の甲羅を用いるもので、奈良、平安時代には専門の役職が置

注52　『古事記』にはイザナギ・イザナミが鹿の肩甲骨を抜き、ハハカ（コンゴウザクラ）という木で焼いて占い、次々に神々を生んだという記述がある。

かれ、朝廷の公式の占法として重んじられたという。鎌倉時代以降は衰退したが、明治になって大嘗祭《だいじょうさい》で復活した。

次に盟神探湯は「探湯《くかたち》」「誓湯《うけいゆ》」などとも呼ばれ、身の潔白を証明するために神に誓いを立てて、煮えたぎった湯の中に手を入れるというものだ。真実を述べている者は火傷をせずに、身の潔白が証明される。一方、嘘をついている場合は大火傷《おおやけど》をして、手が爛《ただ》れてしまうというものである。

現在では、もちろんそんな残酷な行為はなされていないが、各地の神社で行なわれている「湯立神事《ゆたてしんじ》」と呼ばれるものが、これに由来すると考えられている。大きな釜で沸かした熱湯を、笹の葉につけて、自分の身体や周囲の人々に振りかけるものだ。

後世、湯そのものに穢れを祓う力があり、除災招福が得られるとして人気を呼ぶようになった。また、湯立と神楽を結び付けた神事も各地に残っている。

▲古式ゆかしい湯立神事

粥《かゆ》や豆を使った民間の占いとは？

民間では古くから、作物の豊凶や一年の天候などを占う粥占《かゆうら》や豆占《まめうら》と呼ばれる行事が行なわれていた。粥占は、細い竹筒を米や小豆《あずき》などとともに鍋に入れて煮たて、煮上がった後に竹筒を取り出して、中に詰まった米や小豆の数で豊凶を占うものだ。このとき、竹筒は一年の月数の十二本にする場合と、米や野菜などその土地で収穫される作物の種類と同数にする場合がある（注53）。

また、豆占というのは炉端に大豆などの豆を並べ、その焦げ具合によって十二ヶ月の天候を占うものだ。焦げ目のない白いものと、焦げずに弾けたものは晴れ、少し焦げたものは曇り、黒焦げになったものは雨とする。

近年まで粥占は小正月《こしょうがつ》の、豆占は小正月や節分の夜の行事として、各地の農村で行なわれていた。今は一般家庭ではほとんど見られないが、各地の神社で神事として行なわれている。

▲今も残る粥占の行事

注53　このほか粥占には、できあがった粥を鍋のまま放置し、カビの生え具合によって豊凶を占うものもある。

祭りの後の饗宴——直会《なおらい》の意味するもの

神社では、祭りの後には必ず氏子などが集まって、酒宴が開かれる。これを「直会」といい、祭りの締めくくりとして重要な意味を持っている。直会の起源は古く、おそらく神社の社殿が常設になる以前の、太古の時代から行なわれていたと思われる。

直会の語義について江戸時代の国学者、本居宣長《もとおりのりなが》は「なほりあひ」の意味であるという。「なほり」は「直る」で、ふだんの生活に戻ること。「あひ」は「会う」という意味で、皆が一堂に会することだ。祭りで神を迎えるときには、神職をはじめ氏子一同は潔斎《けっさい》（身を清めること）して日常とは違った生活、精神状態にある。そこで酒宴を開いてくつろぎ、この緊張状態をゆるめて日常の状態に戻すのが直会だという。

また、国文学者の折口信夫《おりくちしのぶ》（注54）によれば、「なほる」というのは直日神《なおびのかみ》（倫理道徳を司る神）の「直」に通じるといい、祭りの後に座を変えて直日神をまつり、祭礼中に犯した種々の過ちを反省し、正すのが本義であるという。

いずれにしても、直会は単なる打ち上げの宴会とは訳が違う。正確には祭りが終わってからではなく、祭りの一環として行なわれる重要な神事なのである。そして、神

注54　国文学者で歌人（1887～1953）。民俗学の手法を国文学に導入して、独自の分野を開いた。とくに神道の研究では数々の業績を残した。主著に『古代研究』があり、歌人としては釈迢空《しゃくちょうくう》の名で知られ、歌集として『春のことぶれ』などがある。

前に供えた神饌《しんせん》のお下がりを一同で頂くことに最大の意義があると考えられている。つまり、神と同じものを人々が頂くことで、神の霊威（エネルギー）が体の中に入り、それが明日から始まる日常生活の糧となるのである。

直会の作法については、各地の神社の歴史によっても、さまざまなものが伝えられている。ただし、まず神前に供えた御神酒《おみき》を頂くことから直会の儀が始まることは共通しているようだ。そして、直会の食事は神とともに頂く一種の「聖餐《せいさん》」であるから、厳粛な態度で臨むことが大切である。伊勢神宮などでは「直会殿《なおらいでん》」という建物で直会を行なうが、一般の神社では社務所などで行なう。

また、神社でお祓いなどの後に御神酒を頂くが、これも直会を簡略化したものだ。さらに、家庭の神棚に供えた米や御神酒などを後刻に頂くのも一種の直会である。その意義をよく理解した上で、ありがたく頂戴することが望まれる。

なお、昨今では飽食の時代を反映して、祭りの後の饗膳にさまざまなご馳走が並ぶ。しかし、本来は神前に獣肉を供えることは禁忌とされ、直会の食膳に供えることも、はばかられたのである。

▲盛大な直会

コラム⑪ 葵祭《あおいまつり》に先立つ秘密の神事

毎年五月十五日、京都では、古式ゆかしい装束に身を包んだ人々の行列が、まさに平安朝の時代絵巻を繰り広げる。一般にはこの行列を葵祭と呼んで、京都はもとより全国各地から多くの見物人が詰めかけ、人気を集めている。

しかし、葵祭のメイン・イベントは五月十二日に上賀茂神社で行なわれる「ミアレ神事」と、下鴨神社で行なわれる「御蔭祭《みかげまつり》」である。

ミアレとは「御生」「御阿礼」とも書き、神が生まれる意味である。上賀茂神社の祭神である賀茂別《わけ》雷大神《いかづちのおおかみ》が生まれるのがミアレ神事なのだ。上賀茂神社から北に八〇〇メートルほど行った御阿礼所《どころ》という神聖な場所に、松、檜、榊などで四間四方の垣を作って結界《けっかい》（神域と俗界を隔てる境界）とする。その中央にミアレ木という神籬《ひもろぎ》（神が降臨する依代）を立て、その前の左右に円錐形の立砂《たてすな》（第4章八四ページを参照）を二つ造る。

五月十二日の夜、御阿礼所の前に五人の神職が進み、神饌を供える。それによって神が降臨するといわれ、この降臨を「ミアレ」というのである。神が降臨すると同時に、神職は神饌を頂いて直会を行なう。

神饌はご飯に干魚と干わかめをほぐして混ぜ合わせたもので、この直会のことを「摑《つか》みの御料《みかて》」と呼んでいる。これが終わると、五人の神職が秘歌を黙唱しながら、それぞれ手にした榊に神霊を移し、丁重に本殿に運ぶのである。このミアレ神事は秘中の秘で、いっさい公開されていない。神事はすべての明かりが消された闇の中で、終始無言でとり行なわれるという。

いっぽう、御蔭祭は同じ五月十二日の昼間に下鴨神社で行なわれる。上賀茂神社の祭神、賀茂別雷大神の母の玉依媛命《たまよりひめのみこと》と祖父の賀茂建角身命《かもたけつぬみのみこと》の神霊を迎えるのが御蔭祭だ。

かつては、神職たちが神馬を引いて比叡山山麓の御蔭神社に向かい、ミアレ木に降臨した神霊を馬に乗せて下鴨神社に迎えた。今では御蔭神社までの往復は自動車を使うが、下鴨神社の近くに来ると、神霊を神馬に乗せて本社に遷座する。

これらの神事の起源は古代にさかのぼり、そこには日本の古い「神迎え」の姿が継承されている。つまり、本社から離れた御阿礼所や御蔭神社のような神聖な場所で神の降臨を待ち、これを迎えて人々が祭りを行なうという祭事の原点が見られるのである。

ミアレ神事と御蔭祭によって神を迎え、葵祭の御膳立ては整う。そして、有名な葵祭の行列は迎えられた神を参拝するためのものなのだ。

現在の葵祭は「宮中の儀（宮中での神事）」「路頭《ろとう》の儀（行列）」「社頭《しゃとう》の儀（上賀茂、下鴨両社での参拝）」の三部構成で行なわれる。京都御所内で祭りに臨むための神事を行なったあと、大行列はまず下鴨神社に到着して社頭の儀を行ない、続いて上賀茂神社に至り、ここでも社頭の儀を行なったあと、夕刻には御所に帰る。

コラム⑫ 流鏑馬《やぶさめ》神事は何のために行なわれるのか

疾走する馬の上から鏑矢《かぶらや》（矢先に音の出る仕掛けをした矢）で的を射る流鏑馬は、鎌倉の鶴岡八幡宮をはじめ各地の神社で行なわれている。古くは騎射《うまゆみ》と呼ばれ、奈良時代の聖武《しょうむ》天皇（在位七二四～七四九年）のころにはすでに公事《くじ》（朝廷の公式行事）として端午の節句に行なわれていたことが記録されている。

平安時代末期から鎌倉時代初期にかけて武士が台頭してくると、武芸の一環として武士の間で盛んに行なわれるようになった。そして、鎌倉時代には武運長久《ぶうんちょうきゅう》を祈願する神事として社寺に奉納されるようになった。

すでに鎌倉時代の初めには、鶴岡八幡宮の年中行事として定着し、その後、各地の寺社に普及した。室町時代以降は衰えたが、江戸時代の享保《きょうほう》年間（一七一六～三六）、八代将軍の徳川吉宗が再興した。

ふつう、二町（約二一八メートル）の直線の馬場を作り、進行方向の左側、三箇所に檜の板で作った的を設ける。的の大きさは一尺八寸（約五五センチ）の正方形で、これを竹竿の先に斜め四五度に取り付ける。

射手は狩装束《かりしょうぞく》で太刀を腰に帯び、箙《えびら》（矢を入れる筒）に五、六本の鏑矢を入れ、ここから取り出した矢を、疾走する馬の上から次々と射る。射手の数はとくに定められていないが、祭礼の規模などに応じて数騎から十六騎が次々と登場する。

これが江戸時代に復活した流鏑馬神事の定式で、鎌倉の鶴岡八幡宮では、ほぼこの定式に則って行なわれている。

ただ、各地で行なわれている流鏑馬神事にはさまざまなスタイルがある。馬を止めて試射を行なってから、本番の騎射に入るもの。はじめは矢を射ずに、馬を試走させたのち、本番の流鏑馬に入るもの。あるいは、流鏑馬に先だって人の乗らない馬を走らせるものも少なくない。

　流鏑馬はもともと武運長久を祈る神事だった。けれども、後世、民間では農作物の豊凶を占う神事としての性格が強くなった。流鏑馬に用いた的や矢を、参集した人々が競って持ち帰り、魔除けなどにする例も各地で見られる。

▲流鏑馬の歴史は古い

　あるいは、人の乗らない裸馬を走らせて、その足跡によって豊凶を占うというものもある。さらに、流鏑馬神事に際して、さまざまな神事や芸能を奉納する神社もある。

　また、馬に乗らずに弓を射る「歩射祭《ぶしゃさい》」「奉射祭《ほうしゃさい》」というものも各地の神社で行なわれている。これらは作物の豊凶などを占う「年占《としうら》」や魔除けのために催されるもので、流鏑馬と同様の意義を持っている。

第7章

神社の開運御利益ノート

私の願いごとを叶えてほしい

神社の御利益のことを御神徳《ごしんとく》（注55）という。神社にまつられている祭神には、それぞれ必ず御神徳がある。

御神徳の内容は、国家の平和、あるいは戦勝を約束するものから、病気平癒、家内安全、商売繁盛、出世開運などという個人的なものまで、さまざまである。明治以降は神社が国家神道の中に組み入れられたため、全国津々浦々の神社ではもっぱら国家の安泰が、さらに戦争中には武運長久《ぶうんちょうきゅう》、戦勝が祈願された。しかし、戦後、平和な時代になると祈願の対象はむしろ個人的なものに移り、その内容も多様化している。

現代でも人気の高いのが厄除け、開運、商売繁盛、家内安全などの御利益で、これらの御神徳については、どこの神社でもいちおう対応できるようになっている。しかし、それぞれの神社には特有の御神徳があり、「この祈願をするときにはこの神社」というのが古くから決まっている。以下には、どの神に、とくにどういった御神徳があるか、また、特定の祈願に霊験《れいげん》のある神社はどこなのかなどを紹介する。ちなみに、日本で最も格式が高いとされる伊勢神宮はあらゆる御神徳があるとされている。

注55　御利益は仏教語で、仏に帰依することによって得られる幸いなどさまざまな利益のこと。御神徳は御利益からできた言葉で、とくに神から授かるものを指す。ただし、両者はほぼ同じ意味で使われている。

商売繁盛・家内安全に御利益のある神社

誰でもお金が欲しい。お金を得るためには家庭円満で、仕事が順調にいかなければならない。商家に限らず、商売繁盛、家内安全は万人の願いといってよいだろう。そのような願いを叶えてくれるのが、お稲荷さんとエビスさんだ。

お稲荷さんは農業の神で、五穀豊穣を約束してくれる神として古くから信仰されてきた。そして、室町時代ごろから商業が盛んになると、商売繁盛の神として脚光を浴びるようになった。全国各地には稲荷神社が四万社もあるといわれる。その総本社が京都の伏見稲荷大社で、各地の稲荷神社は伏見稲荷の祭神を迎えてまつったものだ。

伏見稲荷には一万本以上の鳥居があることで知られている。これらは商売繁盛の願《がん》をかけた人が奉納し、その願いが叶ったときにまた鳥居を奉納する。そこで、おびただしい数の鳥居が並ぶことになったのだ。現在でも鳥居は増え続けている。

商売繁盛のもう一方の神がエビスさんだ。エビスはもともと海の神で、豊漁を約束してくれると信じられ、主に漁民の間で信仰されていた（注56）。ところが、この神も室町時代ごろから商業が発達してくると、町に進出してきて、市場の入口などには

注56　現在でも海辺の岩場などには、エビス神をまつる小さな祠が見られる。

必ずまつられるようになったのだ（第5章一〇七〜一〇八ページを参照）。

　エビスをまつる神社も数多いが、兵庫の西宮《にしのみや》神社や大阪の今宮戎《いまみやえびす》神社は「えべっさん」の名で親しまれ、一月十日の十日戎《とおかえびす》には百万人もの人々が福笹を求めて集まる。

ほかにも、商売繁盛に御利益のある神は多いが、稲荷とエビスが押しも押されもせぬ二大スーパースターだ。

▲伏見稲荷大社の拝殿

無病息災・健康増進に効く神社

いくらお金があっても、健康を損なえば元も子もない。とくに医学が未発達な時代には、多くの人々が無病息災を神仏に願った。そこで、全国各地には病気平癒に霊験のある社寺が多く見られる。

中でも京都の八坂神社などは、疫病退散に効験《こうけん》があるとしてよく知られている。八坂神社の祇園祭は、ずばり疫病を退散させる祭りなのだ。また、大晦日から元旦にかけて白朮詣《おけらまいり》というユニークな祭りも行なわれる。白朮《おけら》というキク科の薬草を焼いた火を吉兆《きっちょう》縄という縄に移し、火が消えないようにくるくると回しながら家に持ち帰る。それにより、一年間の無病息災を祈るものだ。

また、愛知県稲沢《いなざわ》市の国府宮《こうのみや》にある尾張大国霊《おわりおおくにたま》神社も、古くから疫病退散の神として有名である。二月に行なわれる「裸祭」では、神の使いとされる「神男《しんおとこ》」（注57）に触れると病気にかからないということから、毎年、多くの参拝客が押し寄せる。

さらに、京都伏見にある御香宮《ごこうのみや》神社も万病に効く霊水があることで知られている。桓武《かんむ》天皇が平安京（京都）に遷都したころ、この神社のある近辺から香りの良い水が

注57　神男は疫病神の使いとされ、彼にあらゆる災厄を擦り付けることによって、厄落としができると信じられている。

湧き出した。重い病にかかり、明日をも知れぬ命の人がこれを飲んだところ、たちまち病気が治って健康になったという。そこで、天皇はこの地に社を建て、御香宮の名を賜ったという。環境省選定の「名水百選」の一つにも数えられ、現在でも多くの人々が参拝して、この水を汲んで行く。

▲八坂神社

雨乞いに威力を発揮する神社

古くから、水を支配するものは国を支配するという。農耕民族の日本人にとって、水を支配することはとりわけ重要であった。そんなことから、全国各地に雨乞いや止《し》雨《う》（雨を止ませること）に霊験あらたかな神社がある。

中でも有名なのは京都の貴船《きぶね》神社で、飛鳥時代（五世紀）に創祀されたという古社である。ここは京都の水源、鴨川の最上流に位置することもあって、古くから雨乞い、止雨の信仰が盛んになった。かつて旱魃《かんばつ》のときには生きた黒馬を、大雨のときには赤馬を生贄《いけにえ》として奉納し、祈願したといい、朝廷の崇敬も篤かった。祭神の高龗神《たかおかみのかみ》は水神だが、その名前からか料亭や旅館の女将《おかみ》の信仰も篤い。近くには雨乞滝などがあり、境内には霊泉がある。実際に雨の多いところでもある。

このほか、愛知県の知立《ちりゅう》神社や赤日子《あかひこ》神社、三重県の多度《たど》神社、香川県の水主《みぬし》神社などが、古くから雨乞いや止雨の霊験があるとして信仰を集めている。

知立神社は元寇《げんこう》のときに朝廷が戦勝を祈願したといわれ、下って明治二年（一八六九）に、明治天皇が東京に遷幸した際にも勅使を派遣して、国運の発展を祈願した。

これも、雨を支配する者は国家を支配するという考えに基づくものだ。赤日子神社も雨乞いに著しい御利益があるとして、古くから信仰されてきた（注58）。

また、多度神社は農耕の神として知られ、こちらも雨乞いや止雨に霊験があるということで信仰を集めた。毎年、五月五日に行なわれる例大祭「上げ馬神事」は、数頭の馬が急坂を駆け上る奇祭として有名である。この祭りはその年の作柄を占うものだが、やはり豊作をもたらす降雨に関係がある。

さらに、水主神社は古くから雨乞いの神として藩主、領主などの崇敬が篤く、旱魃のときには領内の降雨が祈願された。また、この神社には古くから、雨を支配するナマズが棲みついているという伝説がある。

▲貴船神社

注58　このほか、知立神社にはマムシ除けのお札がある。江戸時代には関東や関西にまでその霊験が知られ、池波正太郎の時代小説『鬼平犯科帳』にも、そのお札が登場する。

癌《がん》に霊験《れいげん》あらたかな神社

各地の神社の多くは病気を治す御神徳をうたっているが、中には特定の病気に効き目があるとして、信仰を集めている神社も少なくない。その代表が東大阪市の石切剣箭命《いしきりつるぎやのみこと》神社だ。この神社は、古くからあらゆる腫物《はれもの》を治す霊験があるといわれ、「でんぼ切りの神さん」として庶民の信仰を集めてきた。

「でんぼ」とは、関西弁で腫物のこと。かつては衛生状態が悪く、皮膚病にかかって、「でんぼ」ができる率も高かった。そして、医療が発達していない時代には「でんぼ」といっても、放っておくと命取りになることもあった。そこで、人々は「でんぼ」の予防や治癒を願って神頼みをしたのである。

現代人にとって最も恐ろしい病気の一つが癌である。癌も体内にできる腫物ということから、近年、この神さまがにわかに脚光を浴びだした。境内にはお百度石《ひゃくどいし》があり、毎日、この石と本殿の間を行き来する参拝者の姿が絶えない。また、門前には古くから漢方薬を売る薬種店《やくしゅてん》が軒を並べている。神さまばかりではなく、薬にも頼ろうという訳だ。

延命長寿の御神徳がある神社

無病息災で延命長寿というのは万人の願いである。延命長寿の御利益がある神社は多いが、中でも滋賀県の多賀《たが》大社は古くから有名である。イザナギノミコトをまつるこの神社は、古くから伊勢神宮と並び称されて信仰を集めている。

鎌倉時代に東大寺再建（注59）の大勧進《だいかんじん》（寺院建立の資金集めに従事する僧）になった俊乗房《しゅんじょうぼう》重源《ちょうげん》という僧侶が、この神社に延命を祈願して、寿命を延ばし、再建の大事業を成し遂げたといわれている。

祈願をしたとき、重源は六十歳を過ぎていたが、東大寺再建のために、二十年の延命を祈願したという。その願いは、見事、聞き入れられ、八十六歳まで長命を保つことができた。以来、延命長寿に霊験ありとして多くの人に信仰された。豊臣秀吉も母親の病気平癒と延命長寿を祈願して、御利益にあずかったという。境内には、重源が祈願したという「延命石」が置かれている。

このほか、徳島県阿南《あなん》市の津峯《つのみね》神社、滋賀県の琵琶湖の湖畔に建つ白鬚《しらひげ》神社なども、とくに延命長寿の神徳で知られている。

注59　東大寺は平安時代末の治承の乱などの戦禍で、伽藍の多くが焼失した。そのため、鎌倉幕府の初代将軍になった源頼朝が大規模な復興を行ない、大仏殿や南大門などが再建された。

学問成就に偉効をもたらす神社

学問の神といえば菅原道真《すがわらのみちざね》である。幼いころから聡明だった道真は、天皇の信任も篤く、異例の出世をした。そのため、当時、権勢をほしいままにしていた藤原氏からうとまれ、讒訴《ざんそ》されて、ついに九州の大宰府《だざいふ》へ左遷された。道真は理不尽な左遷に対して憤りに堪えかね、大宰府に赴任してから二年後の延喜《えんぎ》三年（九〇三）、悲しみのうちに生涯を閉じた。

道真の没後、数年の間に道真追放に荷担した藤原氏の人々が事故や急病で相次いで亡くなる。さらに飢饉《ききん》に見舞われたり、御所に落雷があったりと、天災も続いた。人々はこれを道真の怨霊の祟りと考え、没後一年目には防府《ほうふ》天満宮（山口県）を、続いて二年目には、道真が没した地に太宰府天満宮を建てて、道真の霊をまつった。これらは天満宮のルーツになっている。しかし、その後、道真の怨霊が鎮まらなかったので、没後四十年を過ぎて都に神殿を建立し、天神としてまつった。これが京都の北《きた》野《の》天満宮《てんまんぐう》である。

このことから、防府、太宰府、北野の三社は三大天神として崇められている。

その後、全国各地に分社が建てられるようになった。中でも東京の湯島天神《ゆしまてんじん》や亀戸《かめいど》天神、鎌倉の荏柄《えがら》天神などが有名で、受験生などの参拝が多い。

湯島天神は室町時代の末に、江戸城を築いた太田《おおた》道灌《どうかん》によって創建されたと伝えられている。これが全国的に有名になったのは作家・泉鏡花《いずみきょうか》の小説『婦系図《おんなけいず》』の舞台になってからである。

亀戸天神は江戸時代に太宰府から神霊を勧請したものだ。毎年一月二十五日には「鷽替《うそか》え神事」があり、木彫りの鷽（アトリ科の小鳥）を求める参拝客で境内は賑わう。鎌倉の荏柄天神は鎌倉幕府の鬼門に建てられたもので、源頼朝以来、歴代の将軍、執権《しっけん》（注60）の崇敬を受けた。

また、道真は都を離れるときに、離別の悲しさを自邸の梅の木に託して「東風《こち》吹かば　匂ひおこせよ梅の花　あるじなしとて　春な忘れそ」という有名な一首を詠んだ。後に道真の思いが通じ、太宰府までこの梅が飛んでいったという。これが「飛梅《とびうめ》伝説」で、天満宮、天神社には必ず梅の木が植えられ、菅原家の家紋も梅花をかたどったものである。

注60　鎌倉時代に将軍を補佐し、政務を総轄した最高の役職。第三代将軍・源実朝《さねとも》のときに、実朝の母方の父である北条時政が執権に任ぜられ、以降、北条氏が世襲した。源氏の将軍は実朝が兄・頼家の子、公暁《くぎょう》に殺されて絶えたため、その後は執権が実質的な権力を握った。

縁結びの神の頂点、出雲大社

良縁を得たいと思うのは男女共通の願いで、各地には縁結びの神社が多い。その中で、全国区の筆頭に挙げられるのが出雲大社だ。祭神の大国主命《おおくにぬしのみこと》は八十人もの兄弟の末っ子で、はじめは兄たちにいじめられて苦労する。しかし、温厚で実直な性格の持ち主で、最後には絶世の美女と結婚して、幸せな生活を送った（第5章九五～九六ページを参照）。

このようなことから、大国主命をまつる出雲大社は、古くから、良縁をもたらすとして信仰されていた。

明治時代になって宮司の千家《せんげ》尊福《たかとみ》（注61）という人物がその神徳を大々的に宣伝し、全国各地から良縁を求める人々が参集するようになった。近年では、ホテルや結婚式場で神前結婚式を挙げる人は多いが、これらの結婚式の多くは出雲の神を祭神として招いて行なわれる。現在でも出雲大社には、適齢期の男女や新婚夫婦の参拝が絶えない。

大きな袋を肩に担いで、笑みを浮かべた大国主命。いかにも、良縁をもたらしてくれそうな姿である。

注61　1845～1918。出雲大社の第80代宮司。明治の神道国教化で最高の権威となった伊勢神宮に対抗し、出雲大社の地位向上に尽力した。出雲大社教を創始して多くの崇敬者を獲得し、後には貴族院議員になり、司法大臣となった。

縁切りに奇特をあらわす神社

良縁を求める人もいれば、悪縁を切りたい人もいる。縁結びの陰に隠れて意外に目立たないが、縁切りを得意とする神も少なくない。京都は二条河原町の菊野大明神《きくのだいみょうじん》も縁切りの御利益ありとして知られている。古くから、神前に水と灯明を供え、社殿のまわりをぐるぐる回ると効果があると信じられ、今でも参拝する人は多い。

また、京都の貴船《きぶね》神社はかつて「丑《うし》の刻参り」という習慣があったことで知られている。これを題材にした能なども有名だ。

草木も眠る丑三つ時（午前二時ごろ）に、貴船神社へ参って、縁を切りたいと願う相手に見たてた呪いの藁《わら》人形に五寸釘を打ち込む。すると、相手が呪い殺されて縁が切れるというものだ。

現代では、そんな恐ろしいことを実際にする人はいないだろう。しかし、密かに縁切りの願いを込めて参拝する人は決して少なくないようだ。

▲貴船奥宮

厄除け・開運の果報がある神社

厄除けや開運も神社の御利益の定番で、この二つの神徳をうたった神社は多い。厄年のお祓いなどはどこの神社でも受けつけている。

しかし、そうした中でもとくに応神《おうじん》天皇と神功《じんぐう》皇后をまつる八幡社は、厄除け・開運に霊験あらたかとされている。神功皇后は、急逝した夫の仲哀《ちゅうあい》天皇に代わって新羅《しらぎ》征伐を敢行し、見事、勝利して軍功を立てた傑女として知られている。また、新羅征伐のときに皇后は応神天皇をみごもっており、母子ともに軍功を立てたことになる。

後に応神天皇は九州の宇佐《うさ》八幡に出現して、自ら八幡神であることを宣言したという。八幡神は古くから開運の神として知られていたが、鎌倉時代に武士の世の中になると武運長久、厄除けの神としてクローズアップされた（第5章一〇五～一〇六ページを参照）。

宇佐八幡は奈良時代の末、皇位を狙った弓削道鏡《ゆげのどうきょう》の言葉が偽りであるとの託宣を下した。その結果、道鏡は失脚する。朝廷の大厄を祓ったことで、宇佐八幡は厄除け・

開運の霊験ありとして一段と盛んな信仰を集めたのだ。全国の四万社ともいわれる八幡社は、この宇佐八幡の祭神を分霊してまつったものだ。

また、平安時代に清和《せいわ》天皇が宇佐八幡を勧請してまつったのが、京都の石清水《いわしみず》八幡宮である。男山《おとこやま》の山頂に鎮座することから「男山」の名で知られるこの神社には、歴代天皇の行幸《ぎょうこう》も多く、伊勢神宮に次ぐ神社として崇敬された。明治十年（一八七七）には明治天皇が行幸して、西南戦争の戦勝を祈願している。

さらに鎌倉時代に、この石清水八幡宮を勧請したのが鎌倉の鶴岡《つるがおか》八幡宮で、鎌倉幕府の総鎮守として東国の八幡信仰の拠点になった。関東一円の八幡社のほとんどはここから勧請されたものだ。

このほか、神戸市灘区の六甲《ろっこう》八幡神社や兵庫県印南《いんなみ》郡の八幡神社なども古くから、厄除け・開運の御利益のある神社として知られ、参拝者も多い。

交通安全に神力《しんりき》を示す神社

交通安全や旅行の安全に御利益がある神社も多い。四方を海に囲まれ、古代から海上交通が盛んだった日本では、航海の安全を守護する神が各地にまつられた。

その一つ、海の神である宗像《むなかた》三女神（注62）をまつる福岡の宗像大社は、古くから海上交通の守護神として知られている。この社は九州本島から一直線に並んだ、大島《おおしま》と沖《おき》ノ島《しま》にそれぞれ祭神をまつっている。これは古代から盛んだった朝鮮半島との通行の安全を祈願したものだ。現在では海上交通のみならず、交通安全一般に御利益があるとして、多くの参拝者を集めている。

また、瀬戸内海に浮かぶ愛媛県の大三島《おおみしま》には、大山祇《おおやまづみ》神社が鎮座している。この神社の祭神・大山積神《おおやまづみのかみ》は、名前からも分かるとおり本来は山の神である。しかし、瀬戸内海の真ん中にまつられたことから、海上交通の守護神として信仰されてきた。とくに、平安時代の後期には藤原氏の海難を救ったとされ、一気に社格が高まり、「日本総鎮守《そうちんじゅ》（日本全土を守る神）」の称号を得た。ちなみに、この神社には多くの武器が奉納され、日本全国の国宝・重文級の武具・甲冑《かっちゅう》の八割を占めている。

注62　田心姫神《たごりひめのかみ》・湍津姫神《たぎつひめのかみ》・市杵島姫神《いちきしまひめのかみ》の三柱の女神。これらの三女神は各地の弁才天にも勧請されてまつられることが多い。弁才天は仏教と一緒に伝えられたインドの水神で、水に関係することから、ともにまつられるようになった。

さらに、海上交通の守護神としてもっともよく知られているのが、香川県の金刀《こと》比羅宮《ひらぐう》だろう。ここは、もともと仏教とともに伝えられたインドの川の神、コンピラをまつったものだ。日本ではこれが海の神として信仰されるようになった。浪曲に登場する人気者、森の石松の「金毘羅代参《こんぴらだいさん》」などでよく知られ、今日でも参拝者が絶えない。コンピラさんは山の上にあり、沖合の船からは目印の役割を果たした。

また、底筒男命《そこつつおのみこと》・中筒男命《なかつつおのみこと》・表筒男命《うわつつおのみこと》の三柱の海神と息長足姫命《おきながたらしひめのみこと》(神功皇后)をまつる大阪の住吉大社も、海上交通、交通安全の守護神として知られている。正月三箇日《さんがにち》には三百万人もの初詣客で賑わい、西日本随一の盛況を見せる。

▲宗像大社

コラム⑬ 神の使いにはどんな動物がいるのか

稲荷神はキツネを使いとする。これについては、前に述べた。この他にも、神社によってさまざまな鳥獣が神使《しんし》（訓読して「かみのつかい」ともいう）とされている。

これらの神使は神に従順に仕えて、その補佐をし、また神の意志を人間に伝える重要な役割をすると信じられてきた。

たとえば和歌山県の熊野神社では、烏が神使として尊崇されている。これは『古事記』に、神武天皇が熊野から吉野を経て大和に進軍する際、高木神《たかぎのかみ》（『日本書紀』では天照大御神）が八《や》咫烏《たがらす》を道案内として遣わしたという記述に基づいている。

また、広島県の厳島《いつくしま》神社では現在も「御烏喰神事《おとぐいしんじ》」という一風変わった神事が行なわれている。これは烏が供物の団子を食べるかどうかで吉凶を占うものだ。ここでは烏が神意を伝える重要な役割を果たしている。

このような神事は、古くは各地で盛んに行なわれていたものと思われる。今も全国に散在しているこの種の神事は、そうした古い信仰の名残なのだ。

さらに、奈良の春日大社は周辺に多くの鹿が放たれていることで有名である。春日大社に伝わる春日曼荼羅《まんだら》には、背中に神籬《ひもろぎ》（榊《さかき》に垂《しで》をつけたもの）を載せた神鹿《しんろく》が描かれている。ここでは神は鹿の背を目印にして人界に降臨し、神鹿を介してさまざまな神徳を発現するのだ。

この他にも各地の神社には、さまざまな神使が存在する。

代表的な神使を挙げれば、日吉《ひえ》神社（滋賀県大津市）の猿と烏、熱田《あつた》神宮（名古屋市）の鷺、気比《けひ》神宮（福井県敦賀《つるが》市）の白鷺、松尾《まつのお》大社（京都市）の亀、北野天満宮（京都市）の牛、住吉大社（大阪市）の烏、気多《けた》大社（石川県羽咋《はくい》市）の雉《きじ》、三島《みしま》大社（静岡県三島市）の鰻と鶏、二荒山《ふたらさん》神社（栃木県日光市）の蜂などである。

これらの神使は、それぞれの神社にまつわる伝説や歴史、あるいはその地方の習俗などに由来するものである。

しかし、神社にまつわるすべての鳥獣が神使とは限らない。たとえば奈良の大神《おおみわ》神社では大国主命と同体の大物主大神《おおものぬしのおおかみ》を祭神の一柱とするが、この神の正体は蛇なのである。すなわち、ここでは蛇は神使ではなく、神そのものとしてまつられているのである。

また、稲荷社のキツネも単なる稲荷神の使いとしての役割を超えている。とりわけ、後世には稲荷大明神そのものとして信仰されるに至ったことは、すでに述べたとおりである（第5章一〇三〜一〇四ページを参照）。

コラム⑭ 神社に種々のものを奉納する訳

神社やお寺に物品などを奉納する習慣は、古くから行なわれている。厳島神社に奉納されている「平家納経《へいけのうきょう》」のように、天皇や貴族が奉納した高価なものから、庶民が納める絵馬や賽銭などに至るまで、実にさまざまなものが奉納されている。また、有形の物品ばかりでなく、無形の神楽などの神事芸能を奉納することも多い。

奉納は神仏への祈願のため、また神仏の加護に感謝の意を表するため、あるいは神を慰めたり、楽しんでもらうために行なわれるものである。

まず、祈願のための奉納物の代表は絵馬である。さまざまな祈願の言葉などを書いて奉納する習慣が古くから普及した（第4章七八〜七九ページを参照）。絵馬は願いごとを書けば、あらゆる祈願などに対応できることから、時代とともに盛んになり、現在でも最もポピュラーな奉納物として人気が高い。

いっぽう、特別の祈願などのために、特定の物品を奉納することも古くから行なわれている。これらの奉納物には、祈願の内容を象徴するようなものが選ばれることが多い。

たとえば、たくさんの草鞋《わらじ》が奉納してあるのをよく見かける。これは足の病の回復を祈願したものだ。また、安産の祈願に穴のあいた柄杓《ひしゃく》やしゃもじを奉納するのも定番になっている。穴のあいた柄杓などから水が流れ出るように、子供が順調に生まれ出ることを願ったものだ。

さらに、難聴平癒の祈願には、穴のあいた石や針などを奉納する。これは耳の通り（聞こえ）が良くなるようにとの願いからだ。また、百日咳《ひゃくにちぜき》などを治す祈願に、亀の子だわしを奉納する例もある。たわしで喉《のど》を撫でて、咳《せき》を鎮めようとするものである。

そのほか、さまざまなものが奉納されるが、奉納されたもの自体に霊力があるという信仰もある。たとえば、安産祈願の場合には、まず神前に奉納された柄杓などを借り受けて行って、家の神棚などにまつる。無事、出産した暁には、借りてきた柄杓に新しいものを添えて倍返しするというものだ。これは現在でも盛んに行なわれている。

また、御神酒《おみき》や神饌《しんせん》を奉納するのは、神への感謝の意を表わすためである。とくに新嘗祭《にいなめさい》に初穂《はつほ》を供えるのは、収穫に感謝するためだ。同様に初物などはまず神前に供えて、神に敬意を払うのである。

さらに、神楽などの奉納は祭りの期間中に神を慰め、楽しんでもらうためのものだ。奉納相撲などのように、豊作に対するお礼の意味を込める場合もある。また、武芸や技芸の奉納は、神を喜ばせるとともに、自らの腕前の上達をも願って行なわれる。


いずれにしても奉納は庶民の切実な願いを反映したもので、いつの時代にも、さまざまな奉納物が神社を賑わしているのである。

第8章

神社の博学こぼれ話

神道《しんとう》とはどのような宗教か

神道とは何か。日本人にはもともと、自分たちが信仰する宗教が神道である、という意識はなかったようだ。神道という言葉ができたのも、仏教が伝来してからのことである。つまり、整然とした教理を持つ外来の思想に対抗して、それ以前から日本にあった信仰を「神の道」、すなわち神道と呼んだのである。

本来、神道には仏教のように経典もなければ、一貫した教理もない。だから、実は神道を一言で定義することは困難なのである。しかし、これをあえて定義するなら、「日本固有の神を信仰する日本民族固有の宗教」ということになる。

日本固有の神とは、われわれの祖先神《そせんしん》（注63）としての氏神《うじがみ》であり、太陽や水、山などを神格化した自然神である。それらの神は丁重にまつれば、生きている人間を護ってくれる。だから、神社に神霊《しんれい》を迎えて供物を捧げ、祭りを行なう。神道はこういった素朴な信仰だったのだ。日本の神道の原形は、村の鎮守《ちんじゅ》の素朴な祭りなどにあったのだが、古代の人々はそれを信仰とか宗教などという概念ではとらえていなかった。祭りをしたり、神を拝んだりすることは、日本人として生まれた者が、ごく自然体

注63　古くは、死者の魂はしばらくの間、山に留まって浄化された後に、山頂から天界に昇っていって神になると考えられていた。つまり、われわれの先祖は時を経過すると、みな神になるのである。

で行なっていた生活習慣の一部だったのである。

しかし、時代が下ると、それに仏教や儒教、道教《どうきょう》（中国の民間信仰）などが影響して、神道という宗教を作り上げていった。そして、天照大御神はもともと太陽神で、古くから農耕を営んできたわれわれの祖先が共通して崇めてきた神だった。六世紀ごろまでに統一政権を築いた大和朝廷もこの神を崇拝していた。

そこで、八世紀になると『古事記』や『日本書紀』、あるいは各地の『風土記』などを編纂して、いわゆる八百万《やおよろず》の神の素性を明らかにするとともに、神々の上下関係を明確にした。これによって、天照大御神が神々の最上位、日本の祖神《おやがみ》（神の大本）として尊崇されるようになったのである。

このようにして、それまで各地の村々で崇められていた素朴な神々は体系化され、生活習慣の一部だった信仰は理論化されて、神道という宗教になったのである。そして、もともと教義を持たなかった神道は、仏教や儒教の教義を援用して、これを体系化したのである。

ある意味で神道は、早くから政治との強い結び付きの中で発展してきた。したがって、明治維新のときに神道を国教《こっきょう》にして新しい政治の指針にしたのも、むしろ当然の成り行きだったのである。しかし、つねにその根底にあるのは前述したような素朴な信仰であり、神道の中に日本人の精神の原点があるということもできるのである。

神職にはどんな位階があるのか

神社でお祓いをしたり、神事《しんじ》をとり行なったりする人のことを「神主《かんぬし》」と呼んでいる。この神主という言葉、現在では一般に神社に所属する神職（神事を司る職業）の意味に使われている。しかし、神主とはもともと祭儀を中心になってとり行なう人、つまり「祭主《まつりぬし》」の意味で、職業的な神職を指すものではなかった。

古くは村々で氏子《うじこ》が集まって氏神の祭りをした。その際、村人に信任の厚い人などが中心となって祭りをとり行なった。これが神主の起源で、現在でも地方の寒村などでは、氏子の代表が祭りを行なっているところも多い。

ただ、古くから「祝《ほうり》」「禰宜《ねぎ》」などと称する神職は存在した。前者は穢れを放ち捨てるという意味に由来し（注64）、後者は神に願い入るという意味に由来する言葉である。どちらも常日頃から潔斎《けっさい》して清浄を保ち、神事を司ることを専門にしていた。

平安時代になると神職の職階も定められ、神社には神主（祭主）、祝、禰宜のいずれか、あるいは規模の大きな神社では、この三者がそろって置かれるようになった。

また、「宮司《ぐうじ》」という語も現在は神主と同じ意味で用いられているが、これも平安時

注64　「ほうり」は捨てるという意味の古語である「はふる」に由来する。古くは「はふりこ（祝子）」「はふりと（祝人）」とも呼ばれた。

代に現われた職階で、主に神社の管理、経営に携わる人のことを指した。

神職の呼び名や位階は社格《しやかく》（神社の格式）などによって異なる。たとえば伊勢神宮では、祭主を頂点に大宮司《だいぐうじ》、少宮司《しょうぐうじ》、禰宜、権《ごん》禰宜、宮掌《くじょう》の神職がおり、このほか一般職員など総勢約六百名もの人々が、神社の運営にあたっている。しかし、一般の神社では宮司と禰宜がおもな神職で、宮司の指揮監督のもとに祭祀や種々の社務を行なっている。また、明治以降は神職の世襲が禁じられているが、実際には神社の子息が補佐役を務めているところが多い。

さらに、神職が常駐していない神社も多く、これらの神社には祭りのときにだけ、近隣の宮司や禰宜が出張していく。このほか、神社には「巫女《みこ》さん」と呼ばれる女性がいる。これは正式な神職ではないが、宮司や禰宜の補佐役として重要な役割を果たしている。

ちなみに、関東では神職のことを「神主さん」というが、関西では「禰宜さま」などと呼んでいる。

▲白装束の神官

官幣大社《かんぺいたいしゃ》とは何を意味するのか

大きな神社の入口に、「官幣大社」などと書かれた石塔が立っているのをよく見かける。これは、現在では有名無実となっているが、昭和二十年（一九四五）の終戦までは社格を示すものとして重要な意味を持っていた。

神社のランキングの歴史は古く、平安時代にまでさかのぼる。わが国では、奈良時代までに中国の律令《りつりょう》（法律）制度を取り入れて、中央集権国家の枠組ができあがった。当時は祭政一致《さいせいいっち》（政治と神社のまつりごとが一体となっていること）が大原則だったので、朝廷を中心とする集権国家体制を維持するためには、神社の管理が重要な意味を持っていた。そして、平安時代に作られた「延喜式《えんぎしき》」という律法書の中で、明確な神社の格付けが行なわれ、官幣大社などといった名称が登場したのだ。

このような神社のランキングは、鎌倉時代まで国家の手で管理維持された。しかし、室町時代になるとしだいにその意義が薄れ、応仁《おうにん》の乱（一四六七〜七七）以降は有名無実のものとなった。

しかし、応仁の乱から数百年を経て明治維新を迎えると、このランキングが復活してきた。明治元年（一八六八）、維新政府は「祭政一致」を掲げて、神道を国教化した。そして、明治四年には「延喜式」に基づいて官国幣社の制度を復活し、全国の神社は再び国家の管理化に置かれることになったのである。

旧制度では官国幣社は大社と中社に分かれていたが、新制度ではこれを大社・中社小社に分けた。また、国家に特別の功労のあった臣下などをまつる神社を別格《べっかく》官幣社とし、官幣小社に準ずるものとした。豊臣秀吉をまつった豊国《とよくに》神社や徳川家康をまつった日光東照宮、数百万の英霊をまつった靖国神社などが別格官幣社として格付けされた。そして、官国幣社の祭祀料《さいしりょう》（儀式にかかる費用）は国費で賄《まかな》われた。

また、官国幣社、別格官幣社以外の神社は諸社《しょしゃ》とされ、「府県社《ふけんしゃ》」「郷社《ごうしゃ》」「村社《そんしゃ》」「無格社《むかくしゃ》」などの細かいランク付けがなされた。現在でも稀に郷社や村社などの名称を耳にするが、戦前までのランク付けの名残である。ただし、伊勢神宮は社格を超越して、すべての神社の上に立つものとされた。

しかし、昭和二十年に終戦を迎えると、このような神社制度が軍国主義の温床となったという観点から、ＧＨＱ（連合国軍総司令部）によって神道指令（注65）が出された。これによって、神社は国家の統制から解放されたが、同時に国からの一切の支援が打ち切られた。そして、官幣大社をはじめとする名称もなくなった。けれども、冒頭に述べたように今でも社格を刻んだ石塔などを残している神社も少なくない。

注65　これにより、明治以来続いた国家神道は解体された。一説に、マッカーサーを最高司令官とするＧＨＱは、日本から神社を一掃することを意図したといわれる。

神社と鎮守の杜《もり》の関係とは？

都会のど真ん中にも、生い茂った鎮守の杜の中に社殿《しゃでん》を構えた神社が見られる。また、新幹線などから車窓の風景を追っていると、田畑の間にこんもりとした鎮守の杜が点々としているのが見られる。寺院の境内などにもモリ（森林）はある。しかし、神社の鎮守の杜はこれとは異なる特別の意味を持っている。鎮守の杜と神社は切っても切れない関係で結ばれているのだ。

もともとモリというのは、樹木がこんもりと茂ったところを意味していたが、それは単なる森林ではない。

『万葉集』などには「神社」や「杜」と書いてモリと読ませる用例があり、鎌倉時代の『名語記《みようごき》』という辞書には「もりとは、社の字をよむ」といっている。木が生い茂ったモリは、もともと神社と深い関係があったのである。

日本では古くから、神はひときわ高い樹木などの上に降臨《こうりん》すると考えられていた。標高三〇〇〇メートルを超す立山《たてやま》や槍《やり》ヶ岳《たけ》の山頂に社を造ってまつったのも、このような信仰に基づくのである。そして、村の近隣の森林の中でも、ひときわ樹木が生い茂って目立つところに神が降りてくると信じられたのだ。

だから、神が降りてくる日には、そこに祭壇を設けて神を迎え、ありったけのご馳走を供えて祭りをした。神を迎えるこの斎場《さいじょう》（祭りを行なう場所）を屋代《やしろ》といい、これに社の字を当てた。神をまつる場所ということから、神の社、すなわち神社というのである。古くは、屋代は神が降臨する祭りのときだけに造られ、祭りが終わるときれいに取り払われた。そして、ふだんは注連縄《しめなわ》や玉垣《たまがき》を巡らして、屋代のモリには近づかないようにした。

これが神社の起源で、もともと鎮守の杜は神社そのものだったのだ。そして、鎮守の杜は一年のうちの限られたわずかな時期を、神とともに楽しく過ごす大切な場所だったのである。

めぐみ仰ぐや村祭……ドンドンヒャララ、ドンヒャララ……。

「村祭」と題する文部省唱歌は、秋のめぐみを神に供え、いかにも楽しげに神とともに宴に興じる村人の姿を彷彿《ほうふつ》させる。そして、その宴の舞台はもちろん鎮守の杜だ。ちなみに、鎮守というのは仏典から引いた言葉。仏を守護するというのが原義だが、転じて、村人の大切な土地を護るという意味になった。そして、後には都市や城、国を護ることになったのである。

談山《たんざん》神社にはなぜ十三重塔があるのか

奈良県の談山神社は、美しい十三重塔があることでよく知られている。高さ約一七メートルのこの塔は、七世紀に中国の清涼山宝池院《せいりょうざんほうちいん》（注66）という寺院から移築されたものと伝えられている。ただし、現在の建物は天文《てんぶん》元年（一五三二）に再建されたものだ。

十三重塔はもともと中国で発達し、かつては法隆寺などにも木造の十三重塔があったという。しかし、日本では小型で石造の十三重塔が主流を占め、木造のものはあまり造られなかったようだ。現存するのは、この談山神社の一基だけである。

談山神社は大和平野を見下ろす多武峰《とうのみね》の山頂に鎮座している。この神社は藤原鎌足《ふじわらのかまたり》を祭神としてまつる。鎌足は中大兄皇子《なかのおおえのおうじ》（後の天智《てんじ》天皇）と協力して大化の改新を断行し、天智天皇の八年（六六九）に亡くなった。このとき、鎌足の次男の藤原不比等《ふひと》は父の遺体を摂津《せっつ》国（大阪府）の阿威山《あいやま》に葬った。しかし、その後、唐に留学していた鎌足の長男、定慧《じょうえ》が帰朝して不比等と相談し、鎌足の遺体を改葬することに決めた。

そこで鎌足埋葬の地とされたのが、大和平野を見下ろす多武峰だったのである。つ

注66　中国で古くから信仰を集めていた名刹で、その名は早くから日本にも伝えられていた。京都・嵯峨の清涼寺はこの寺を模して創建された。

まり、大化の改新を断行して大和朝廷の基礎を磐石《ばんじゃく》にした鎌足を葬るには、多武峰がふさわしいと考えたのである。そこで、鎌足の遺体を多武峰に改葬し、その墓所の上に十三重塔を建て、その南に仏堂を建立して妙楽寺《みょうらくじ》と号した。

そして、平安時代中期には参拝のための惣社《そうじゃ》が建てられ、朝廷から「談山権現《たんざんごんげん》」の神号《しんごう》を賜って、人々の信仰を集めるようになった。さらに、室町時代の後花園《ごはなぞの》天皇（在位一四二八～六四）のときには「多武峰大明神《だいみょうじん》」という大明神号を授けられ、「多武峰社《とうのみねのやしろ》」などとも称するようになった。

また、談山権現の名は、多武峰と背後の御破裂山《おはれつやま》との間にある森に由来するという。この森は中大兄皇子と鎌足が大化の改新のときに蘇我入鹿《そがのいるか》討伐の策略を相談したことから、「談所《だんしょ》の森」と呼ばれている。

このように、談山神社の起源は藤原鎌足の菩提《ぼだい》を弔うために建立された寺院で、十三重塔は鎌足の墓所に建てられた墓標だったのである。日本では早くから神仏習合《しんぶつしゅうごう》が進み、それが平安時代以降はますます盛んになった。したがって、お寺と神社は何の問題もなく共存することができたのだ。

京都・吉田神社の不思議な社殿

京都の吉田神社には、大元宮《だいげんぐう》というユニークな社殿がある。これは八角形の本殿に六角形の後殿を備えたもので、日本中どこへ行っても、こんな奇妙なスタイルの社殿にはお目にかかることができない。

もともと吉田神社は、平安時代に奈良の春日の神を勧請《かんじょう》してまつったのが始まりである。平安、鎌倉時代を通じて天皇や将軍の保護を受けて社格も高まり、信仰を集めた。しかし、応仁の乱のころになると、ほとんど荒廃してしまった。ちょうどそのころに現われたのが吉田《よしだ》兼倶《かねとも》（注67）という人である。彼は吉田神社の神職だった父の跡を継いで、二十六歳のときに吉田神社の責任者となった。そして、神社の荒廃を嘆き、その復興に心血を注いだ。

神道史上、最大の政治家と目される兼倶は、戦乱で混乱した世相を利用して強引に吉田神社の復興を進めた。そして彼は、伊勢神宮の神霊がある夜、とつぜん背後の吉田山に飛んで来たと喧伝し、境内に「日本最上神祇斎場《にほんさいじょうじんぎさいじょう》」と称するものを創設した。これには伊勢神宮や公卿《くぎょう》が一斉に反発したが、兼倶はそんな批判には一向に耳を貸さ

注67　1435～1511。卜部《うらべ》兼倶とも称する。中世以来続いていた吉田家の神道を大成して、新風を吹き込んだ。兼倶に始まる流派を「吉田神道」と呼んでいる。

なかった。そして、この斎場の中心に建てられたのが大元宮だったのだ。

この大元宮というのは、天皇を守護するために宮中にまつられていた「八神殿《はっしんでん》」という社殿を模したものだ。八神殿には天皇を守護する八柱の神がまつられる。この大元宮には宇宙の根元としての大元尊神《だいげんそんしん》、すなわち国常立尊《くにとこたちのみこと》をまつり、その周囲にいわゆる八百万《やおよろず》の神をまつったものである。兼倶は、国常立尊は八百万の神の生みの親であり、すべての神はこの神に帰一すると説いた。

大元宮という珍奇な建物は、このような彼独自の思想を具体化するためのものだった。そして、彼は室町幕府に働きかけて大元宮の存在を公認させ、文字どおりここを日本最上の「神祇斎場（神をまつる場所）」とし、自ら神道界のトップに躍り出た。

また、兼倶は神々の根元である大元尊神と八百万の神をまつる大元宮に参拝すれば、全国のすべての神社にお参りしたのと同じ御利益があると宣伝した。これによって、吉田神社は多くの参拝者を集めるようになった。以降、吉田神社は幕末まで神道の総本山としての地位を保ち続けたのである。

▲吉田神社の大元宮

神社と寺院が同居している訳

愛知県の豊川稲荷《とよかわいなり》は、もともと隣接する妙厳寺《みょうごんじ》の寺域に建てられたものだ。また、日光東照宮の入口には五重塔が建ち、境内には鐘楼や薬師堂《やくしどう》など仏教の施設が建っている。さらに、お稲荷さんなどの社をまつる寺院は、全国各地に見られる。なぜ、このように神社と寺院が同居しているのだろうか。

仏教が伝来した当時、日本古来の八百万の神と外来の仏との間に不調和が生じた。しかし、のちには両者を調和融合する思想が現われた。これを神仏習合《しんぶつしゅうごう》思想という。要するに、神も仏もともに尊いものとして崇《あが》めようということである。

奈良時代には神宮寺《じんぐうじ》と称して、神社の境内に小寺を建てることが各地で行なわれ、社僧《しゃそう》という神社に所属する僧侶が常駐した。また、平安時代になると神社の拝殿の前で僧侶がお経を読む、「神前読経《しんぜんどきょう》」という習慣が盛んになったという。さらに、寺院を建立する際には、もともとその土地に鎮座していた地主神《じぬしがみ》を寺院の守護神として必ずまつった。高野山の狩場明神《かりばみょうじん》（注68）や比叡山の山麓にある日吉大社《ひよしたいしゃ》も、もとはこの地主神をまつったものだ。

注68　弘法大師が高野山を開くときに道案内をしたという猟師で、高野山の地主神、丹生《にう》明神の化身とされる。高野山では、今でも守護神として重視されている。

このようにして、平安時代の後半には、神と仏が同居するのが当たり前の状況ができあがった。そして、このころになると、日本の八百万の神は、インドの仏（如来）が衆生《しゅじょう》（すべての人々）を救うために現わした仮の姿であるという考えが生まれた。

これを本地垂迹《ほんじすいじゃく》思想といい、平安末期から鎌倉時代にかけては、神は仏の化身であると考えられて、権現《ごんげん》と呼ばれるようになる。また、神道の神である八幡神には「八幡大菩薩《はちまんだいぼさつ》」の称号が与えられて、盛んに信仰されるようになったのである。

そして、明治維新政府は神道を国教と定め、「神仏判然令《しんぶつはんぜんれい》」を出して神と仏を厳然と区別した。その結果、神社にあった神宮寺などはただちに撤去され、社僧などの制度は廃止されたのである。しかし、先に述べた豊川稲荷や日光東照宮のように、神仏が渾然《こんぜん》とまつられているところは、いまだに少なくない。そして、今日も民衆の中には神仏習合に根ざした信仰が根強く残っている。

日本人は結婚式は神前で挙げ、葬式は仏教で行ない、また初詣などのときに寺社をハシゴする。このような信仰の形態は、すでに仏教が伝来して、しばらくしてから始まっていたのである。

▲日光東照宮の陽明門

明治以降に創建された神社が多い理由

前にも述べた鎌倉時代の『名語記《みょうごき》』という書物に「神の住所はものふりたる所也」とある。「神の住所」、すなわち神社は古色蒼然《そうぜん》とした佇《たたず》まいが似合う。たしかに神社の中には、伊勢神宮や出雲大社のように建てられて千数百年を経た神社も少なくない（注69）。しかし、そんな中で意外に多いのが明治以降に創建された神社だ。

その代表といえるのが靖国神社である。この神社の起源については、次の項で述べる。

靖国神社の創建を皮切りに、維新政府は国家に貢献しながら非業の最期を遂げた人々を、新たに神社を建ててまつった。たとえば、後醍醐《ごだいご》天皇の皇子、護良《もりなが》親王は鎌倉幕府の倒幕を企てて戦ったが、最後は足利尊氏《あしかがたかうじ》により鎌倉の土牢《つちろう》に幽閉されて殺された。明治二年（一八六九）には護良親王終焉の地に、鎌倉宮《かまくらぐう》（通称、大塔宮《おおとうのみや》）を創建してその霊をまつった。

明治になって、北海道の開拓が進められた。その事業を無事推進するための総鎮守《そうちんじゅ》として創建されたのが北海道神宮で、これも明治二年の創建。また、京都の平安神宮

注69　ただし、社殿については式年遷宮などが繰り返されているため、創建当初のものは残されていない。

は明治二十八年（一八九五）の創建だ。明治になって都が東京に移り、京都市民のあいだに旧都への追慕の念が強まった。そこで、平安遷都から数えて千百年目の明治二十八年に、平安遷都を敢行した桓武《かんむ》天皇と、平安京最後の天皇である孝明《こうめい》天皇をまつって、この神宮が創建されたのである。

奈良県の橿原《かしはら》神宮は明治二十二年（一八八九）の創建で、神武《じんむ》天皇即位の地である橿原に、その威徳を偲んで天皇をまつった。東京の明治神宮は、明治四十五年（一九一二）に崩御した明治天皇の霊をまつるために建てられた神社で、大正九年（一九二〇）の創建。さらに、滋賀県大津市の近江《おうみ》神宮は、藤原鎌足とともに大化の改新を断行し、のちに近江に大津京を開いた天智天皇をまつった神社で、昭和十三年（一九三八）の創建である。

このように明治以降に多くの神社が創建されたのは、国教となった神道の根拠地としての神社を整備する必要があったからである。そして、神道の精神を遺憾なく発揚するために、古式に則った壮麗な社殿を築いた神社が多い。また、この時代に伊勢神宮の遥拝所（遠くから拝むところ）も各地に作られた。

▲平安神宮

英霊をまつる靖国神社の起源とは？

幕末には日本各地で倒幕運動が繰り広げられ、多くの人々が非業の死を遂げた。しかし、運動に参加して倒れた人々は、幕府にとっては反逆者だった。そのため、公然と慰霊祭などを行なうことは困難であり、彼らの霊の多くは出身地で密かにまつられていた。

しかし、倒幕派の形勢が有利になると、それまで密かにまつられていた霊の鎮魂祭《ちんこんさい》を行なおうとする機運が高まった。そして、維新前後から各地に殉難《じゅんなん》の士のための神社の創建が相次いだ。

これらの神社には、天皇や皇族をはじめ、功臣《こうしん》、織田信長や豊臣秀吉などの武将などがまつられた。この中でとくに注目されるのが、楠木正成《くすのきまさしげ》をまつった神社だ。正成は南北朝の動乱の際に後醍醐天皇について戦い、最後は兵庫県の湊川《みなとがわ》で足利尊氏に敗れた。勤皇の志士たちは、忠臣の代表とされた正成に注目し、楠木正成をまつる「楠《なん》公祭《こうさい》」を催した。さらに、彼らは楠公祭に便乗して、倒幕運動で倒れた殉難の同志たちの慰霊祭を行なったのである。

注70　南北朝時代の武将で、源氏の血を引く。上野国《こうずけ》（群馬県）新田郡《にったごおり》の人。鎌倉に出て北条氏を滅ぼしたが、楠木正成とともに兵庫の湊川で足利尊氏に敗れる。護良親王と越前に逃亡したが、ここで戦死した。

このような情勢を背景に、慶応三年（一八六七）には、正成終焉の地である湊川に湊川神社が創建された。湊川神社の創建をきっかけに、各地に殉難の士をまつる神社が続々と建てられた。後醍醐天皇や護良親王、新田義貞《にったよしさだ》（注70）をまつる神社がそれである。

そして、明治維新を迎えると、政府の主導で大掛かりな招魂祭《しょうこんさい》が行なわれ、各地に招魂社が建てられるようになった。

明治元年（一八六八）六月には、幕末維新の内乱で倒れた人々の招魂祭が江戸城内で大々的に行なわれた。さらに翌年には、明治天皇が勅を発して、東京・九段に「東京招魂社」を創建した。明治十二年（一八七九）には、各地に建てられた他の招魂社と区別するために「靖国神社」と名を改め、別格官幣社の社格を与えた。これが靖国神社の起源である。

その後、日清、日露の戦いや太平洋戦争の戦没者の英霊が次々とまつられた。現在までに二百四十六万柱の英霊がまつられて、戦災遺族の精神的な支柱ともなっている。毎年八月十五日の終戦記念日を中心に、多くの参拝者が訪れる。

▲靖国神社

廃仏毀釈《はいぶつきしやく》はなぜ行き過ぎたのか

明治維新を機に政府は神道を国教化し、これを新しい国家のアイデンティティにしようとした。そのため、それまで渾然とまつられていた神仏を分離し、日本固有の神の存在を明確にする必要があった。そこで明治元年（一八六八）には「神仏判然令」を出して、長きにわたって習合した神と仏を引き離す作業に着手した。

神社に付属する神宮寺などは廃止され、同じく社僧は還俗《げんぞく》（在家になること）させられた（本章一七六〜一七七ページを参照）。さらに、神仏習合の所産である権現《ごんげん》や明神《みょうじん》などの称号も廃止され、神社に納められていた仏像や経巻、仏具などもことごとく取り除かれた。

一般には、このような「神仏分離」の過程を「廃仏毀釈」と同一視し、政府の指導で行なわれたと理解されている。しかし、事実はかなり異なる。

政府の意図は、渾然とまつられていた神と仏を引き離して、神社の存在を明確にすることにあった。つまり神社から仏教的な要素を取り除いて、国教にふさわしい純粋な神道の確立を目指したのであって、仏教を徹底して排斥する意図はなかったのだ。

ところが、神仏判然令が出ると、多くの国民は政府が仏教の廃止を決定したものと考えた。そして、半ば暴徒と化した民衆が仏教寺院になだれこみ、略奪や僧侶への暴行、焼き討ちなど、無軌道な破壊活動を行なったのである。これは政府もまったく予期していなかった事態だった。

神仏判然令を端緒とする廃仏毀釈運動がこのような破壊活動に発展したのは、江戸時代の僧侶たちのあり方にも一つの要因があった。江戸時代に幕府の宗教政策の一環として檀家《だんか》制度が確立すると、寺院は経済的にも安定し、檀家はその支配下に置かれる形になった。そして、僧侶の中には檀家に対して不遜な態度をとるものもあった。そのことから、檀家の間には僧侶や寺院に対する不満を抱く者が少なくなかったのである。明治の「御一新《ごいっしん》」（注71）、そして神仏判然令により彼らの不満が爆発したのである。とくに太古より神々の聖地とされていた地方の廃仏毀釈運動は熾烈を極め、隠岐や熊野では完膚なきまでに寺院を破壊し尽くした。

このように政府の意図に反して、不測の事態に発展した廃仏毀釈運動は、一年余り猛威を振るった後にようやく終息した。しかし、廃仏毀釈が日本人の信仰心や宗教心に与えた影響は大きい。

伊藤博文は晩年、「日本人は仏教を廃毀したことで、人道心を破壊することになった」と述べたという。

注71　明治維新の異称。維新により、旧制度が改革され、世の中が一新したので、そのように呼ばれた。

コラム⑮ 春日大社の神鹿《しんろく》——その故郷は？

奈良の若草山《わかくさやま》には数多くの鹿がいて、観光客に優しい視線を投げかけている。その数は千頭を超え、昨今では鹿の害も取り沙汰されている。この鹿はもともと若草山の麓に鎮座する春日大社の神鹿である。春日大社の祭神の武甕槌神《たけみかづちのかみ》はこの鹿の背に乗って降臨すると信じられている。

ところが、この鹿はもともと春日大社にいたものではない。その発祥は遠く、茨城県の鹿島《かしま》神宮であると伝えられている。両社の関係はにわかには理解しがたいが、春日大社は奈良、平安時代を通じて権勢を振るった貴族、藤原氏の氏神としてまつられ、藤原氏の発展とともに繁栄してきた神社である。

いっぽう、鹿島は大和朝廷の東北経営の前線基地で、古代から軍港として栄えたところだ。実は藤原氏は古くから鹿島を本拠地としていたのである。そして、現在の鹿島神宮を氏神としてまつり、東北から侵入してくる蝦夷《えぞ》と戦って、大いに軍功を挙げたのだ。

その功績が六世紀ごろに中央集権を確立した大和朝廷に認められ、藤原氏は大和（奈良）の中央政界に打って出たのである。そのときに藤原氏の守護神として常に霊験を発揮した鹿島神宮の祭神である武甕槌神を奈良の若草山の麓にまつり、この神を藤原氏一門の守護神として仰いだ。これが春日大社の起源であると伝えられている。

そして、そのときに祭神の乗り物として不可欠の鹿を数十頭、鹿島から奈良まで連れて行った。これが千数百年の歳月を経て繁殖し、現在では奈良公園周辺の至るところで見られる。これらの鹿の祖先は遠く鹿島から長い旅をしてきたのである。

また、伊勢から奈良に至る途中に、名張《なばり》（三重県中西部）という地がある。ここはかつて縄を張って鹿が道をそれないようにしたところだという。

鹿島という地名は、鹿が多く棲息していることから付けられたといわれている。古代人はときおり人里近くに現われる鹿に、神の降臨を重ね合わせたのだろう。

ちなみに、近年になって春日大社の神鹿を数頭、鹿島神宮に里帰りさせた。これが繁殖して、現在、鹿島神宮の境内にある鹿園には五、六十頭の鹿がいる。千年以上の歳月を経て里帰りした鹿たち。金網に囲われた鹿園の中で何を想っているのだろうか。

▲春日大社の鹿

コラム⑯ 神社をめぐる絵画とは？

神社には神像がまつられているところがある。神像の発展形の一つに、神道曼荼羅《しんとうまんだら》と称する特殊な絵画がある。これは仏教絵画の影響を強く受けたもので、曼荼羅の名は複数の神を一堂に会したように描いたことによる。

真言宗などで用いる曼荼羅とは意味合いが違い、たとえば当麻寺《たいまじ》（奈良県）の当麻曼荼羅に見られるような、浄土の様子を描いた「浄土変相図《じょうどへんそうず》」と同系統のものである。

この神道曼荼羅は、「本地《ほんじ》仏《ぶつ》曼荼羅」「垂迹《すいじゃく》曼荼羅」「本迹《ほんじゃく》曼荼羅」「宮《みや》曼荼羅」「参詣《さんけい》曼荼羅」の五種に分けることができる。

まず「本地仏曼荼羅」というのは、祭神の本地仏（仏としての元の姿）を描いたものである。たとえば熊野本宮大社の祭神である須佐之男命《すさのおのみこと》の本地は阿弥陀如来である。このような本地の仏の姿を描いたものが、本地仏曼荼羅である。ちなみに、須佐之男命は、本体の阿弥陀如来が人々を救うために現わした仮の姿であると考える。

次に「垂迹曼荼羅」は、須佐之男命や天照大御神《あまてらすおおみかみ》などの日本の神の姿を描いたものである。ただし、これらの神は実在の人物ではないので、想像上の姿で描かれる。

垂迹曼荼羅の一つとして、有名な「春日曼荼羅」がある。これは奈良の春日大社に伝わるもので、神鹿の背中に榊の神籬《ひもろぎ》を載せた姿が描かれている。神使《しんし》としての鹿の背中に降臨する神の姿を暗示させるもので、礼拝の対象となる。

「本迹曼荼羅」は、本地仏と日本の神の両方の姿を描いたものである。

さらに「宮曼荼羅」というのは、神社の景観を描いたもの。「参詣曼荼羅」は神社に参詣する人々の様子を描き加えたものである。これらは神社の社域を鳥瞰図《ちょうかんず》で表わしたもので、前者は礼拝の対象として、後者は絵解《えとき》などの布教用に使われた。宮曼荼羅としては、熊野神社の「熊野宮曼荼羅」が有名である。

これらの宮曼荼羅や参詣曼荼羅は、制作当時の社殿の様子や参拝の光景が克明に描かれているものが多い。古い時代の風俗や信仰の様子を知るための、貴重な資料である。

さらに、後世には神道曼荼羅を簡略化した「墨書《ぼくしょ》神号《しんごう》」というものが人気を呼んだ。これは、天照大御神などの神号を紙に墨書して、軸物にしたものである。天照皇大神《てんしょうこうたいじん》を中心に、左に八幡大菩薩《はちまんだいぼさつ》、右に春日大明神《かすがだいみょうじん》と書かれたものが最も人気を呼んで庶民の間に普及した。

墨書神号は浄土宗などで「南無阿弥陀仏」と書いた名号《みょうごう》や日蓮宗の「南無妙法蓮華経」の題目《だいもく》の墨書に影響されたものだ。手軽に入手できることから各家庭でまつられた。現在でも、天照大御神などと書かれた軸を床の間にまつったり、また祭りのときに御輿《みこし》が渡るお旅所《たびしょ》などに掲げているのをよく見かける。

コラム⑰ お札《ふだ》やお守りはどこから来たのか

お札やお守りは現代でも人気を呼んでいる。お札はもともと護符《ごふ》（呪文などが書かれた札）から発展したもので、その起源は中国にあるといわれている。中国では死者の亡霊（オバケ）が入って来ないように、家の戸口などに護符を貼っていたという。つまり、悪魔や災難を避けるためのものだった。これがいつのころからか日本に伝えられて、さまざまな災厄《さいやく》除けのお札になったのだ。

お札は比較的大きめのもので、木や紙などに家内安全、商売繁盛などの祈願の文句が書かれている。これを社寺でもらって来て、神棚などにまつるのが一般的である。

いっぽう、お守りはお札をコンパクトにして袋に入れたり、半紙で包んだりしたものだ。これも起源はお札と同じだが、携帯に便利なようにこのような形のものが考案された。

お札やお守りは初めは寺院で作られて、配られるようになった。これがしだいに神社にも普及していった。とくに初詣のときなどは、お札やお守りを求める人が押し寄せる。

これらのお札やお守りには、商売繁盛や無病息災、家内安全などの一般的な祈願のほか、防災や盗難除け、虫除け、雷除け、安産、合格祈願などの特定の祈願を書いたものがある。現代では交通安全を祈願するものが最もよく見られる。

お札は数千円から数万円のものがあるのに対して、お守りは数百円程度。手ごろな値段のお守りは、とくに人気がある。その形もバリエーションに富んでおり、最近では人気キャラクターをあしらったお守りもある。

第9章

日本の神社の代表ブランド

清流・五十鈴川《いすずがわ》のほとり

伊勢神宮は、いってみれば、日本の神社の総本山だ。その伊勢神宮には天照大御神《あまてらすおおみかみ》をまつる内宮《ないくう》（皇大神宮《こうたいじんぐう》）と、豊受大神《とようけのおおかみ》をまつる外宮《げくう》とがある。このうち、内宮はもともと皇居に設けられていた。ところが第十代の崇神《すじん》天皇のときに三種の神器《じんぎ》（注72）のうちの八咫鏡《やたのかがみ》と天叢雲剣《あめのむらくものつるぎ》を持ち出して大和の笠縫邑《かさぬいむら》（現在の奈良県桜井市）にまつり、次の垂仁《すいにん》天皇のときに伊勢の五十鈴川のほとりにまつった。これが、現在の内宮の起源とされている。

創祀の年代は垂仁天皇の二五年とされている。だが、実際にまつられたのは、おそらく六世紀ごろのことと考えられている。そして、天武《てんむ》天皇の時代（七世紀末）には式年遷宮《しきねんせんぐう》（本章一九三ページを参照）の制度も定着し、以後、二十年ごとに社殿を建て替えて現在に至っている。

また、外宮の創祀は内宮から五百年ほど後のことと伝えられている。豊受大神は穀物の神で、天照大御神の食事の世話をするために、まつられたといわれている。古くは渡会宮《わたらいぐう》、豊受宮《とようけぐう》などと称されていたが、天慶《てんぎょう》五年（九四二）ごろから外宮と呼ばれ

注72　八咫鏡、天叢雲剣、八尺瓊勾玉《やさかにのまがたま》の三つの神宝で、天孫・瓊瓊杵尊《ににぎのみこと》以来、皇位継承のしるしとして重視されている。崇神天皇の代から、皇居には八咫鏡と天叢雲剣のレプリカがまつられているといい、八尺瓊勾玉だけが本物。

▲伊勢神宮の御稲御倉《みしねのみくら》

るようになったという。

現在でも、外宮には神に供える食事を作る忌火屋殿《いみびやどの》（注73）がある。毎日、朝夕の二回、ここで天照大御神の神饌《しんせん》（神に供える食事）が作られ、御饌殿《みけでん》（神饌を供える建物）に供えられている。この習わしは外宮の創祀以来、千年以上、続けられているものだ。

ところで、多くの人は内宮だけを参拝して済ます場合が多い。本来は、内宮と外宮をともに参拝するのが原則だ。この場合、「外宮先拝《げくうせんぱい》」といって外宮から参拝するのが古くからの決まりである。

注73　御饌殿に供えられる神饌は、天照大御神だけでなく、八百万の神に捧げられる。つまり、日本の神社を代表して捧げられるのが、外宮の神饌だ。

伊勢神宮の規模&構成とは?

一般に伊勢神宮というと、天照大御神をまつる皇大神宮（内宮）と豊受大神をまつる豊受大神宮（外宮）を指すが、実は伊勢神宮は内宮、外宮だけではないのだ。両宮の一帯には多くの別宮《べつみや》、摂社《せっしゃ》、末社《まっしゃ》、所管社《しょかんしゃ》などがある。

別宮とは正宮《しょうぐう》の神霊を分けてまつったもので、両正宮に次ぐ格式を持つ。内宮には天照大御神の荒魂《あらみたま》（第5章一一一ページを参照）をまつった荒祭宮《あらまつりのみや》をはじめとして十の別宮が、外宮には豊受大神の荒魂をまつる多賀宮《たがのみや》をはじめ四つの別宮がある。

次に、摂社は正宮に関係の深い神や、とくに由緒のある神をまつる神社で、内宮では朝熊《あさくま》神社ほか二十七社、外宮では草奈伎《くさなぎ》神社ほか十六社の摂社がある。さらに、末社も両宮に関係の深い神をまつるが、摂社よりも社格が低い。内宮には鴨下《かもした》神社ほか十六社、外宮には伊我利《いがり》神社ほか八社の末社がある。最後に所管社は古くから両宮が管理する社で、内宮に三十社、外宮に四社、ほかに別宮の所管社が八社ある。

内宮、外宮のほかに、神宮の神域やその近隣に鎮座する神社は百二十三社。そして、両宮と合わせて百二十五社の神社を統合したものが伊勢神宮と呼ばれる。

式年遷宮《しきねんせんぐう》とはどんな制度か

内宮、外宮とも二十年に一度、社殿の建て替えが行なわれる。これを式年遷宮、または、式年造替《ぞうたい》と呼んでいる。このような式年遷宮は、鎌倉時代ごろまでは各地の大社で行なわれていた。現在、完全なかたちでその風習を残しているのは伊勢神宮だけである。式年遷宮の際には本殿のみならず、玉垣《たまがき》や瑞垣《みずがき》から御神体の八咫鏡、調度品に至るまで、すべてを新調する。

平成五年（一九九三）に、第六十一回の式年遷宮が行なわれた。現在の正殿《しょうでん》は内宮、外宮ともそのときに建てられたものだ。次の式年遷宮は平成二十五年（二〇一三）で、現在の正宮の向かって左手にある古殿地《こでんち》という敷地に建てられる。内宮・外宮には隣接して同じ広さの敷地があり、そこに二十年ごとに交互に正宮が建てられるのだ。

また、遷宮が終わった年から次の式年遷宮のために、木材や、屋根を葺《ふ》く萱《かや》の調達といった準備が始まる。かつては、これらの建築材料をすべて社域で賄《まかな》っていた。今では屋根葺きの萱だけは近くの山野で調達できるが、木材は国内の他の地方で産出したものも併せて使っているという。ただし、輸入材はまったく使用していない。

宇治橋《うじばし》と鳥居

五十鈴川に架かる宇治橋。ここを渡ると、いよいよ神宮の聖域に入る。かつては橋が架かっておらず、参拝者はちょうど浅瀬になっている五十鈴川を歩いて渡っていた。徒歩で川を渡ることによって自然に身が清められ、禊《みそぎ》（水で身体を清め、穢《けが》れを祓《はら》うこと）ができたのである。

宇治橋の手前に立つ大きな鳥居は、神明《しんめい》鳥居という最古の形式のものである。二本の柱を地中に埋めて掘立柱《ほったてばしら》（注74）とし、その上部に笠木《かさぎ》という水平材、下部に島木《しまぎ》という水平材を渡す（第4章六四～六五ページを参照）。

お稲荷さんなどでおなじみの朱塗の鳥居とは異なり、白木《しらき》（塗りを施さない）の簡素な造りが特徴である。

▲宇治橋を渡って神域へ

注74　電信柱のように柱の下部を地中に埋め込んだ、最も原初的な柱。寺院建築では、すでに奈良時代以前に礎石の上に柱が立てられるようになった。だが、古代の様式を踏襲した神社建築では、現在でも掘立柱を採用している。伊勢神宮の神明造や出雲大社の大社造などがその典型。

玉砂利の参道を行く

宇治橋を渡ると、玉砂利《たまじゃり》を敷き詰めた長い参道が内宮の本殿まで続く。玉砂利の道は石畳の道に比べて歩きにくい。一説に、このような歩きにくい玉砂利を敷き詰めてあるのは、神武《じんむ》天皇の苦難の足跡を擬似体験するためだともいわれている。

神武天皇は天孫降臨《てんそんこうりん》の地、日向《ひゅうが》（宮崎県）を後にして、東征の旅に出た。海路、熊野に上陸し、そこから葛城《かつらぎ》、金峯山《きんぷせん》、吉野の険路を踏破し、幾多の困難や危機を乗り越えて、ついに大和（奈良）を平定したのである。そのような神武天皇の大偉業を思い起こし、歩きにくい参道を進んでこそ、内宮参拝もより感慨深く、有意義なものになる。ちなみに、玉砂利は定期的に補給され、費用もバカにならない。

▲一の鳥居から続く参道

斎館《さいかん》と御手洗場《みたらしば》

参道をしばらく進んで火除橋《ひよけ》という小さな橋を渡る。その左側にあるのが斎館だ。ここは、かつて伊勢神宮に仕えた斎王《さいおう》（天皇の内親王《ないしんのう》から選ばれた、天照大御神に仕える巫女《みこ》。本章二〇五～二〇六ページを参照）が祭りに備えて心身を清めた場所である（注75）。現在でも、正殿とともに重要な役割を果たす建物だ。

斎館前の一の鳥居をくぐった右側、五十鈴川の河畔に御手洗場がある。これは五十鈴川の清流を利用した自然の手水舎《ちょうずや》である。

五十鈴川の上流には民家がないため、生活排水を含まぬ清流が、岸辺を洗っている。一の鳥居の手前の手水舎で身を清めた人も、ここでさらに穢れを祓うことができる。また、清流を悠々と泳ぐ大きな錦鯉も目を楽しませてくれる。

▲五十鈴川の河畔に設けられた御手洗場

注75　伊勢神宮には斎王の斎館のほかにも、神職や祭りにかかわる人たちが精進潔斎するための斎館がある。

唯一神明造《ゆいいつしんめいづくり》の正殿《しょうでん》とは？

御手洗場から二の鳥居をくぐって神楽殿《かぐらでん》を過ぎ、突き当たりの石段を登ったところに内宮の正殿がある。正殿の建物は外側から板垣《いたがき》、外玉垣、内玉垣、瑞垣の四重の垣に囲まれており、一般の参拝者は板垣までしか入ることができない。ここに設けられた門から、わずかに内部をうかがうことができる。

正殿の建物は、神社建築の中でも最古の様式といわれる神明造。柱は下部を地中に埋めた掘立柱、屋根は二枚の屋根板を山形に組み合わせた切妻造《きりづまづくり》で、床を高く上げているのが特徴だ。屋根の両端に千木《ちぎ》を置き、棟《むね》（山形の屋根の頂点）に十本の堅魚木《かつおぎ》を載せる。弥生時代の穀倉をモデルにした簡素な建物で、堅魚木と千木の一部に金泥《きんでい》（金色の塗料）を塗るほかは塗りを施さない（注76）。

また、建物中央の床下には心御柱《しんのみはしら》という直径三〇センチほどの掘立柱が埋め込んであり、床のすぐ下まで達している。この柱は天照大御神の依代と考えられているもので、いわば正殿の建物の核心である。この真上に、御神体の八咫鏡が奉安されているという。二十年ごとに行なわれる式年遷宮のときには、まず初めにこの心御柱が立て

注76　古くは、いっさい装飾を施さなかった。部分的に装飾が施されるようになったのは、室町時代ごろからと言われている。

られる。

全国各地の神社に見られる神明造の社殿は、伊勢神宮の正殿を手本にしたものだ。しかし、完璧な神明造は伊勢神宮にだけしか見られない。そこから、伊勢神宮の正殿をとくに唯一神明造と呼んでいる。

▲正殿の佇《たたず》まい

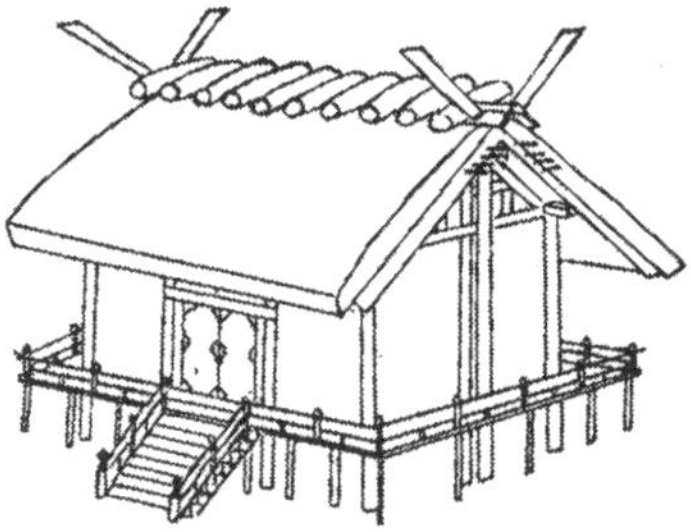
神明造

境内にはどのような社《やしろ》が点在するのか

内宮の境内には、正殿のほかにいくつかの小宮がまつられている。その二、三を紹介しておこう。まず、御手洗場のすぐ近くの川上にある小さな宮が滝祭宮《たきまつりのみや》で、水の神として敬われている。

また、御手洗場から正殿に向かって進み、二の鳥居の先を右に曲がった奥には風日折宮《かぜひおりのみや》が鎮座する。ここは風の神をまつる神社で、内宮に十宮ある別宮の一つとして重んじられている。正殿の裏手には、やはり別宮の荒祭宮がある。ここには天照大御神の荒魂がまつられ、本宮に次ぐ格式を持っている。

ちなみに、別宮とは本宮の別宮《わけのみや》の意味で、本宮の祭神の別御魂《わけみたま》（分霊《ぶんれい》）をまつる神聖な場所である。

内宮には十宮の別宮のほかに、神域の外に六十あまりの摂社、末社、所管社などがある。神域外の別宮の中では、滝原宮《たきはらのみや》、滝原竝宮《たきはらならびのみや》、伊雑宮《いざわのみや》が天照大御神の遥宮《とおのみや》（遥拝所《ようはいじょ》、注77）として重んじられている。

▲別宮の一つ、伊雑宮

注77　遠く隔たったところから神を拝む施設で、時代とともに各地に伊勢神宮などを拝む社が建てられた。

伊勢神宮の門前町

宇治橋の前の広場から北東に向かって、約一キロの通りが延びている。これが門前町のメインで、現在は「おはらい通り」と呼ばれている。かつて、この通りの両側には、伊勢神宮の布教に携わった御師《おし》などが住んでいた。江戸時代にお伊勢参りが大流行すると、参拝者向けの食堂や旅籠《はたご》、みやげもの屋（注78）などが集まるようになったという。

江戸時代の末までは大変な盛況ぶりだったが、明治になってから近年まで久しく客足が遠のいていた。現在の門前町は、平成五年（一九九三）の式年遷宮を前に、往時の客足を取り戻そうと地元の人たちが復興に尽力して完成したものだ。古い建物を補修したり、移築したりして、江戸時代の街並みを再現している。

▲おはらい通り

注78　江戸時代にお伊勢参りが盛んになると、伊勢に参拝した人々が郷里で待つ村人に土地の特産品などを持ち帰るようになった。このため、伊勢では早くから手軽に求められて、持ち帰りに都合の良いみやげものが用意され、それを売るみやげもの屋も軒を並べるようになった。

外《げ》宮《くう》と内《ない》宮《くう》の相異点とは？

外宮バス停の正面にある火除橋という小さな橋を渡ると、外宮の神域に入る。内宮よりも短い参道を進み、一の鳥居、二の鳥居をくぐると、右側に外宮の正殿が建っている。

この正殿は内宮と同じ神明造だが、内宮の正殿には十本の堅魚木が載るのに対して、外宮の堅魚木は九本だ。また、内宮の千木は平削《ひらそ》ぎ（切り口が地面と水平になっている）であるのに対して、外宮の千木は外削《そとそ》ぎ（地面と垂直に切り落とされている）になっており、長さもやや短い（第３章五一〜五二ページを参照）。

外宮の正殿は、内宮よりやや小ぶりにできている。これは遅れて創祀された外宮が、内宮に遠慮して控えめに造られたためといわれている。

▲外宮の正殿

どんな社が外宮には集まっているのか

外宮の神域には、多賀宮《たがのみや》、土宮《つちのみや》、風宮《かぜのみや》の三つの別宮がまつられている。その筆頭は、豊受大神の荒魂をまつる多賀宮で、外宮の正宮に次ぐ格式を持つ。土宮にまつられている大土乃《おおつちの》御祖神《みおやのかみ》はこの土地を護る地主神《じぬしがみ》で、洪水を防ぐ堤防の守護神。風宮にまつられている級長津彦命《しなつひこのみこと》は風雨を司る神。土宮の祭神同様、もとは地主神だったが、鎌倉時代の元寇《げんこう》（注79）のときに神風を起こした神として脚光を浴び、別宮に昇格した。また、外宮の神域の外、近鉄鳥羽《とば》線の五十鈴川駅近くには天照大御神の弟の月読命《つくよみのみこと》をまつる月夜見宮《つきよみのみや》があり、鎌倉時代以降、別宮として崇敬されている。

外宮にはこの四つの別宮のほかに、三十社あまりの摂社、末社、所管社などがある。

▲土宮

注79　蒙古《もうこ》のフビライの軍勢は、文永《ぶんえい》11年（1274）と弘安《こうあん》4年（1281）の二度にわたって日本に来襲したが、二度とも暴風雨にさえぎられて敗退した。この暴風雨を「神風《かみかぜ》」と呼ぶ。また、蒙古の来襲を元寇、あるいは文永・弘安の役と呼んでいる。

裏参道の途中――忌火屋殿《いみびやどの》と御饌殿《みけでん》

正宮の裏手、裏参道の途中にあるのが忌火屋殿と御饌殿である。忌火屋殿は天照大御神をはじめとする神々に供える食事（神饌《しんせん》）を調理する建物。また、神饌のことを御饌ともいい、御饌殿はできあがった御饌を供えるための建物だ。

伊勢神宮では、朝と夕に神饌を作って供えることを欠かさない。水、塩、御飯などをはじめとして、季節の野菜や魚介類などが神饌として捧げられる。毎朝、弓で火《ひ》鑽《きり》棒を摩擦して火を起こし調理する。

御饌殿は正倉院《しょうそういん》と同じ校倉造《あぜくらづくり》（注80）の建物である。内部には天照大御神と外宮の祭神である豊受大神の神座のほか、内宮、外宮にまつられるすべての別宮の神の座が設けられている。つまり、御饌殿は伊勢神宮の大食堂で、ここで主要な神々が朝夕の食事をすることになる。

▲御饌殿（左手前）から正殿を望む

注80　三角形の材木をログハウスのように組み合わせて作った倉。初めは穀物の保管庫として用いられていたが、通風が良く、古文書や宝物の保管にも適していたことから、正倉院などのような宝物庫にも使われるようになった。

コラム⑱ 元伊勢《もといせ》伝説とは何か

伊勢神宮には三種の神器の一つ、八咫鏡がまつられている。三種の神器は初め皇居にまつられていたが、崇神天皇のときに、八咫鏡と天叢雲剣を皇女の豊鍬入姫命《とよすきいりひめのみこと》に託して大和の笠縫邑にまつらせた。

しかし、次の垂仁天皇の時代になって疫病や天変地異が続いた。そのため、天皇は皇女の倭媛命《やまとひめのみこと》に命じて、鏡と剣をまつるのにふさわしい土地を求める旅をさせた。

倭媛命は丹後《たんご》半島から近畿地方一円、東は尾張に至るまでを巡歴し、各地に鏡と剣をまつって神意をうかがった。そして、倭媛命が一時的に鏡と剣を奉斎した土地は元伊勢といわれ、各地にその伝承地が存在している。

垂仁天皇の三十九年に大和の笠縫邑を出発した倭媛命はまず丹波《たんば》の吉佐宮《よさのみや》で四年間、鏡と剣を奉斎する。吉佐宮は京都の籠《この》神社と伝えられ、同社には元伊勢にまつわるさまざまな伝説が残されている。

しかし、吉佐宮も天照大御神をまつるのにふさわしい場所ではなかったことから、同四三年、倭媛命は再び奉斎の適地を求めて巡礼の旅に出る。

そして、木乃国《きのくに》（紀国。和歌山県）の奈久佐浜宮《なくさのはまのみや》、吉備《きび》国（岡山県）の名方浜宮《ながたのはまのみや》、大和国（奈良県）の弥和《よわ》乃《の》御室嶺上宮《みむろのみねのうえのみや》、宇多秋志宮《うだのあきしのみや》、佐佐波多宮《ささはたのみや》、伊賀国（三重県）の隠部市守宮《いんべのいちもりのみや》、穴穂宮《あなほのみや》、敢都美恵宮《かんとみめぐみのみや》、淡海《おうみ》国（滋賀県）の甲可《こうが》日雲宮《ひぐものみや》、坂田宮《さかたのみや》、美濃国（岐阜県）の伊久良河宮《いくらかわのみや》、尾張国（愛知県）の中島宮《なかしまのみや》、伊勢国（三重県）の桑名《くわな》野代宮《のしろのみや》、鈴鹿《すずか》名具波志忍宮《なぐわししのぶのみや》、阿佐賀藤《あさかふじ》方片《かたかた》、樋口宮《といぐちのみや》、飯野高宮《いいのたかのみや》、佐々牟江宮《さきむえのみや》、伊蘇宮《いざわのみや》、滝原《たきはら》宮《のみや》の各地を経て、五十鈴川の川上の現在地に鎮座した。

コラム⑲ 伊勢神宮の斎王《さいおう》——その務めとは?

伊勢神宮にはかつて天照大御神に仕える「斎王」という女性がいた。和語で「いつきのみこ」という。一般に「斎宮《さいぐう》」といわれるのは、斎王が住まう御所に対する尊称である。斎王は歴代天皇が即位するときに、内親王（天皇の姉妹や皇女）の中から卜占《ぼくせん》（占い）で選ばれる。

斎王に選ばれた内親王は、宮城内に建てられた「初斎院《しょさいいん》」という建物にこもり、ここで潔斎《けっさい》（身を清めること）して穢れを祓う。そして、翌年の八月にト占によって聖地に建てられた「野宮《ののみや》」と呼ばれる斎宮に移り、さらに満一年間の潔斎生活を送る。

ちなみに現在、京都の嵯峨《さが》にある野宮神社が斎宮の旧跡である。斎宮は歴代天皇の即位ごとに各地に建てられたが、平安時代以降は嵯峨に建てられるようになった。現在でも樹皮のついたままの檜の黒木《くろき》鳥居《とりい》があり、往時を偲ばせている。

二年に及ぶこうした潔斎生活は、俗界との交渉を完全に断ち切った厳しいものだった。毎日の食事はもちろんのこと、言葉にも穢れを祓う細心の注意が注がれる。ここで使われる言葉を「斎宮《いつきのみや》の忌詞《いみことば》」といい、仏教語と不浄な言葉は代用のものが使われた。たとえば、「仏」は「なかご」、「寺」は「瓦ぶき」、「死ぬ」は「直る」、「血」は「汗」などという言葉に置き換える。

このような厳しい物忌み生活を送った後、三年目の九月に野宮を出た斎王は、天皇に別れを告げて伊勢に向かう。この出立《しゅったつ》の儀式を「群行《ぐんこう》」といい、平安時代には国家的な重要な行事だったという。

群行の儀を終えた斎王は護衛の役人に伴われて、七日後に伊勢に到着する。伊勢では神宮からかなり

▲野宮神社の黒木鳥居

離れた斎宮御所《さいぐうごしょ》に住まい、ここでもまた、厳しい潔斎生活に明け暮れる。斎王が斎宮御所の外に出るのは、神宮の例祭のときだけだ。斎王の任期は、時の天皇が崩御《ほうぎょ》（没）するか、退位するまでを原則とする。したがって、ひとたび斎王に選ばれれば数十年もの間、潔斎生活が続くことになる。

斎王の起源は崇神天皇の皇女、豊鍬入姫命《とよすきいりひめのみこと》が最初だという。その後はしばしば中断したが、天武天皇の時代には制度化された。しかし、後醍醐《ごだいご》天皇（在位一三一八～三九）の皇女が斎王になったのを最後に、戦乱のために行なわれなくなった。

室町時代以降は伊勢神宮の神官の最高権威者である「祭主《まつりぬし》」が斎王の代行をしてきたが、明治になって内親王から祭主を選定するようになった。

なお、近鉄山田線に斎宮駅があり、その近くの森に斎宮御所の遺跡が残っている。

第10章

参拝ガイド——全国神社巡り

●この章の見方

①祭神、②所在地、③交通、④歴史、⑤ご利益、⑥行事ほか

◆一度は参ってみたい古社ベスト10

回日光東照宮《にっこうとうしょうぐう》

①徳川家康。豊臣秀吉と源頼朝を配祀②栃木県日光市山内③JR日光線・日光駅、東武日光線・東武日光駅からバスで一〇分④徳川家康の病没直後の元和《げんな》三年（一六一七）、家康をまつるために建てられた。家康は小さな祠《ほこら》を建てて自分を葬るようにとの遺言を残した。その遺言どおり、当初は簡素な社殿が造営された。しかし、三代将軍・家光の時代に大々的に増築され、現在見られるような豪華な社殿が出現した。陽明門《ようめいもん》など桃山建築の粋を凝らした数十棟の社殿は圧巻。また、境内に立ち並ぶ建物の多くに、繊細で華麗な彫刻が施され、その一つ一つに寓話や教訓が込められている。たとえば、左甚五郎《ひだりじんごろう》作として知られる「眠り猫」の裏側には、スズメが遊ぶ様子が刻まれている。これは、すぐ側にスズメがいても、猫はそれを獲ろうとしない――そんな平和で、満ち足りた世の中が続くことに願いを込めたものだ⑤開運、長寿、商売繁盛、家内

▲日光東照宮

安全⑥例大祭（五月）には流鏑馬《やぶさめ》や千人行列《せんにんぎょうれつ》が盛大に行なわれる。

回弥彦神社《やひこじんじゃ》

①天香山命《あめのかぐやまのみこと》②新潟県西蒲原郡《にしかんばらぐん》弥彦村大字弥彦③ＪＲ弥彦線・弥彦駅から徒歩一〇分④創祀は崇神《すじん》天皇の時代（三世紀前半）とされ、祭神の天香山命は神武東征《じんむとうせい》の際に活躍した神で、越後にやって来て人々に農業や製塩を教えたという。平安時代には正一位の神階を賜り、越後国一の宮として早くから崇敬された。鎌倉時代には源頼義が、室町時代には上杉謙信が、そして、江戸時代には越後高田藩主の松平忠輝がそれぞれ社領を寄進して大いに栄えた。また、『万葉集』に「伊夜彦の　おのれ神さび　青雲の　たなびく日すら　小雨そぼ降る」と詠《うた》われ、その佇《たたず》まいの神々しさが古くから称えられている⑤五穀豊穣、家業繁栄、縁結び、諸難防災、開運⑥灯籠《とうろう》神事（七月二十五日）、天然記念物の蜀鶏《とうまる》（ニワトリ）を飼育している。

回熱田神宮《あつたじんぐう》

①熱田大神《あつたのおおかみ》ほか②愛知県名古屋市熱田区神宮③名

▲熱田神宮

鉄本線・神宮前駅から徒歩三分④日本武尊《やまとたけるのみこと》の逝去を悲しんだ妃の宮簀媛命《みやずひめのみこと》が、一族の斎場だった熱田に草薙剣《くさなぎのつるぎ》をまつったのが起源とされる。祭神の熱田大神は草薙剣を御魂代《みたましろ》とする天照大御神のこと。後世、伊勢神宮に次ぐ社格を保ち、皇室をはじめとする多くの人々の崇敬を集めた。現在の社殿は昭和二十九年（一九五四）、伊勢神宮の式年遷宮の翌年、それまで伊勢神宮に建てられていたものを移築した建物。屋根こそ萱葺を銅板葺に改めているが、唯一神明造の様式を伝えている⑤国土安穏《こくどあんのん》、厄除け⑥豊年祭（五月八日）、熱田祭（例大祭、六月五日）。

回 賀茂《かも》別雷《わけいかづち》神社《じんじゃ》・賀茂《かも》御祖《みおや》神社《じんじゃ》

①賀茂別雷大神《かもわけいかづちのおおかみ》（賀茂別雷〈上賀茂《かみがも》〉神社）・玉依《たまより》媛命《ひめのみこと》、賀茂建角身命《かもたけつのみのみこと》（賀茂御祖〈下鴨《しもがも》〉神社）②京都市北区上賀茂（上賀茂）・左京区下鴨（下鴨）③JR京都駅からバスで四〇分（上賀茂）・JR京都駅からバスで二五分（下鴨）④両社とも天武《てんむ》天皇の時代（六世紀後半）の創祀と伝えられる。古くから山城《やましろ》国の守護神として信仰され、平安時代には朝廷の崇敬が篤かった。上賀茂神社の祭神の賀茂別雷大神は、下鴨神社の祭神の玉依媛命の子供で、同じく

▲上賀茂神社

下鴨神社の祭神の賀茂建角身命の孫。両社の関係はきわめて深い。はじめ、鴨川の上流に上賀茂神社がまつられたが、その勢力があまりにも強くなったので、それを分散させるため下流に下鴨神社を創建した。両社とも鬱蒼《うつそう》とした緑に囲まれ、境内を流れる小川と流造《ながれづくり》の社殿がよくマッチしており、京都を代表する古社の佇まいを満喫することができる⑤国土安穏、厄除け（上賀茂）、殖産興業、馬事安全、縁結び（下鴨）⑥葵祭《あおいまつり》（例大祭、五月）。流造の社殿は国宝で、檜皮葺の屋根が美しい。

回 多賀《たが》大社《たいしや》

①伊邪那岐命《いざなぎのみこと》・伊邪那美命《いざなみのみこと》②滋賀県犬上《いぬかみ》郡多賀町多賀③近江鉄道多賀線・多賀駅から徒歩一〇分④『古事記』に「伊邪那岐命は淡海《おうみ》の多賀に座《いま》す」とあり、創祀は『古事記』が成立した八世紀以前にさかのぼる。鎌倉時代に東大寺再建の大勧進《だいかんじん》になった俊乗房重源《しゆんじようぼうちようげん》が延命祈願をしたことは有名。以来、延命に効ありと盛んに信仰され、「お多賀さん」の名で広く親しまれている。左右に神楽殿を備えた拝殿の後ろに独立した幣殿が建ち、その奥に本殿が建つという大掛かりな社殿を持つ。また、本社から数キロ離れた山中にはイザナギノミコトが降臨したと

▲多賀大社

いう奥宮があり、山の麓にはミコトがひととき休息をとったという御旅所がある。付近には良き時代の田園風景が広がる⑤延命長寿、無病息災、縁結び。第7章一五〇ページを参照⑥古例大祭《これいたいさい》（四月二十二日）、御田植祭《おたうえさい》（六月の第一日曜）、万燈祭《まんとうさい》（八月三日～五日）、古例祭《これいさい》（九月九日）。延命石、奥書院庭園が見どころ。

回 大神神社《おおみわじんじゃ》

①大物主大神《おおものぬしのおおかみ》・大己貴神《おおなむちのかみ》・少彦名神《すくなひこなのかみ》②奈良県桜井市三輪③ＪＲ桜井線・三輪駅から徒歩五分④祭神の大物主大神と大己貴神は大国主命《おおくにぬしのみこと》と同一神とされ、少彦名神は大国主命の国造りを手伝ったという身体の小さな神だ。これらの神が天孫降臨《てんそんこうりん》以前から鎮座していたという三輪山を御神体とし、拝殿のみで社殿を持たない。古くから酒の神として知られ、酒造業の守護神として信仰されている。また、御神体の三輪山の山中には古代の祭祀場があり、そこから神に供えられたと思われる、かわらけ（平たい杯）が多く出土している⑤産業開発、酒造製薬、交通・航海、縁結びなど⑥大神祭《おおみわさい》（四月九日。翌日、拝殿の前で「後宴能」が奉納される）。

▲大神神社

回 玉置《たまき》神社《じんじゃ》

①国常立尊《くにとこたちのみこと》・伊邪那岐命《いざなぎのみこと》・伊邪那美命《いざなみのみこと》・天照大神・神武天皇②奈良県吉野郡十津川《とつかわ》村玉置川③ＪＲ紀勢本線・新宮《しんぐう》駅からバスで一時間四五分、十津川温泉下車。十津川温泉から参道入口まで車で四〇分、のち徒歩二〇分④崇神《すじん》天皇の時代（紀元前一世紀）の創祀と伝えられ、標高一〇〇〇メートルの玉置山の山頂直下に社殿がある。玉置の名は、神武天皇東征の折、小休止したときに神宝の勾玉《まがたま》を山頂に忘れていったことによるという。熊野《くまの》奥駆《おくが》けの道場で、熊野三山の奥の院として信仰されている。樹齢数百年から三千年を経た杉や檜に囲まれた山中は、まさに神が宿る神域というにふさわしい⑤五穀豊穣、海難防止、豊漁⑥秋季大祭（十月二十四日）。六月には樹齢二百年から三百年という石楠花《しゃくなげ》の花が社殿一帯に咲き誇る。

▲玉置神社

回 大山祇神社《おおやまづみじんじゃ》

①大山積神《おおやまづみのかみ》②愛媛県越智《おち》郡大三島《おおみしま》町宮浦《みやうら》③四国路は予讃《よさん》線・今治《いまばり》からフェリーで九三分、山陽路は山陽本線・三原から高速船で三三分④瀬戸内海の海上

交通の要衝、大三島に鎮座する。創建年代は不詳だが、太古にさかのぼると考えられる。一〇世紀の後半、藤原氏の海難を救ったことから、「日本総鎮守《そうちんじゅ》」の号を許された。また、この神社は数百点におよぶ武具・甲冑《かっちゅう》を所蔵しており、そのうち八点が国宝、二百七十二点が重要文化財。日本の国宝・重文級の武具・甲冑の八割がこの島に集中していることから、「国宝の島」とも呼ばれている⑤五穀豊穣、鉱山安全。第7章一五七ページを参照⑥春季大祭（旧四月二十二日～二十三日、神楽が演じられる）、御田植祭（旧五月五日、一人相撲が演じられる）。

回 宗像大社《むなかたたいしゃ》

①田心姫神《たごりひめのかみ》（沖津宮《おきつぐう》）・湍津姫神《たぎつひめのかみ》（中津宮《なかつぐう》）・市杵島《いちきしま》姫神《ひめのかみ》（辺津宮《へつぐう》）②福岡県宗像郡大島村（沖津宮、中津宮）・宗像郡玄海《げんかい》町田島（辺津宮）③辺津宮へはＪＲ鹿児島本線・東郷駅からバスで一五分、宗像大社前下車すぐ。中津宮へは神湊《こうのみなと》（辺津宮よりタクシーで一〇分）からフェリーで二五分。沖津宮への参拝は五月二十七日のみ。参拝希望者は辺津宮に手紙で申し込むこと④九州本土にある辺津宮、大島にある中津宮、沖ノ島にある沖津宮に宗像三女神が別々に鎮座し、本来は三社を総称して宗像大社という。しかし、現在では九州本土の辺津宮に三女神がまつられ、島に渡らなくても参拝できる。三社は朝鮮半島に向かって一直線に並び、古くから文化の中継地、あるいは防衛の拠点に祭神をまつったものと考えられている。ちなみに、沖ノ島は無人島だが、社殿をもうけ、神職が定期的に奉仕している。大島と沖ノ島の二島で見たり聞いたりしたことは、本土に帰ってから絶対に他言してはならず、また、この島のものは一木一草たりとも持ち出してはならないという掟《おきて》が今も守られている⑤海上安全。第7章一五七ページを参照⑥秋季大祭（「御坐祭《みあれまつり》」十月一日～三日）。

回 石鎚神社《いしづちじんじゃ》

①石土毘古神《いしづちひこのかみ》②愛媛県西条市西田甲③JR予讃線・伊予西条駅からバスで五〇分、ロープウェイ一〇分④西日本最高峰の石鎚山《いしづちやま》（一九八二メートル）に、七世紀ごろ役小角《えんのおづぬ》によって開かれたといい、山岳信仰の道場として栄えた。弘法大師《こうぼうだいし》空海《くうかい》も若いころに、ここで修行している。石土毘古神はイザナギ、イザナミの御子《みこ》。峻険な参道をよじ登って到着した山頂からの眺めはまさに絶景。神の霊気が十分に感じ取れる⑤家内安全、病気平癒、農業、漁業、産業、工業、学業成就⑥お山開き（七月一日～十日）。

北海道・東北地方の神社

●北海道神宮《ほっかいどうじんぐう》

①大国魂神《おおくにたまのかみ》・大那牟遅神《おおなむちのかみ》・少彦名神《すくなひこなのかみ》・明治天皇②札幌市中央区宮ヶ丘③地下鉄・円山《まるやま》公園駅から徒歩一五分④明治二年（一八六九）に北海道の総鎮守《そうちんじゅ》として創祀⑤国土安穏⑥札幌祭（毎年六月）では維新《いしん》勤皇隊《きんのうたい》が練り歩く。

●岩木山神社《いわきさんじんじゃ》

①顕国魂神《うつしくにたまのかみ》・多都比姫神《たつひひめのかみ》・宇賀能売神《うがのめのかみ》ほか②青森県中津軽《なかつがる》郡岩木《いわき》町③JR奥羽本線・弘前《ひろさき》駅からバスで三〇分④宝亀《ほうき》十一年（七八〇）に創祀された。岩木山の山麓に鎮座する。『山椒太夫《さんしょうだゆう》』の安寿《あんじゅ》と厨子《ずし》王《おう》にまつわる伝説がある⑤農漁業、海路安全⑥大祭（お山参詣、旧暦八月一日）。

●鹽竈神社《しおがまじんじゃ》

①鹽土老翁神《しおつちのおじのかみ》・武甕槌神《たけみかづちのかみ》・経津主神《ふつぬしのかみ》②宮城県塩釜市一森山③ＪＲ東北本線・塩釜駅から徒歩一〇分④九世紀以前に創祀され、かつては東北随一の権威⑤漁業・農業の産業発展、延命長寿、海上安全、家内安全、安産守護⑥藻《も》塩焼《しおやき》神事（七月）、例祭（七月）。

●出羽《でわ》三山神社《さんざんじんじゃ》

羽黒山《はぐろさん》山頂に、月山《がっさん》・湯殿山《ゆどのさん》・出羽《でわ》の各神社を合祀した「三社合祭殿《さんしゃがっさいでん》」がある。一般にはこれを出羽三山神社と呼ぶ。

▼月山神社

①月読神《つくよみのかみ》②山形県東田川郡立川町③ＪＲ羽越本線・鶴岡《つるおか》駅から月山八合目行きバスで約一時間半、終点下車、徒歩二時間④推古《すいこ》天皇の時代の創祀といい、月山の山頂にある⑤家内安全。

▼湯殿山神社

①大山祇神《おおやまづみのかみ》ほか②東田川郡朝日村③ＪＲ羽越本線・鶴岡駅から湯殿山行きバスで一時間二〇分④推古天皇の時代の創祀とされるが、社殿を持たず、湧出する温泉と磐座《いわくら》を御神体とする⑤厄除け、家内安全。

▼出羽神社

①伊《い》氐《て》波神《はのかみ》ほか②東田川郡羽黒町③ＪＲ羽越本線・鶴岡駅から羽黒山方面行きバスで四〇分、終点下車、徒歩五〇分④推古天皇の時代の創祀とされる⑤五穀豊穣。

●早池《はやち》峰《ね》神社《じんじゃ》

①瀬《せ》織津《おりつ》姫《ひめ》・姫大神《ひめおおかみ》②岩手県稗貫《ひえぬき》郡大迫《おおはさま》町内川目③ＪＲ東北本線・石鳥谷《いしどりや》駅から大迫行きバスで三〇

分④大同《だいどう》二年（八〇七）、早池峰山頂で二人の猟師が金色の権現《ごんげん》を感得してまつったという⑤無病息災、火伏⑥例大祭（七月三十一日〜八月一日）。全山の豊かな自然、早池峰神楽が見どころ。

●駒形神社《こまがたじんじゃ》

①駒形大神《こまがたのおおかみ》 ②岩手県水沢市中上野町③ＪＲ東北本線・水沢駅から徒歩五分④日本武尊《やまとたけるのみこと》が東国征伐の折に駒ヶ岳山頂に開いたのが始まりと伝える。明治三十六年（一九〇三）に現在地に遷座、山頂には奥宮がある⑤五穀豊穣、家内安全⑥例大祭（九月十九日）。

関東地方の神社

●鹿島神宮《かしまじんぐう》

①武甕槌神《たけみかづちのかみ》 ②茨城県鹿嶋市宮中③ＪＲ成田線・鹿

▲鹿島神宮

島神宮駅から徒歩一〇分④神武天皇（紀元前七～六世紀）の時代の創祀とされる。鹿島は古代の軍港で、祭神の武甕槌神は藤原氏が氏神として仰ぎ、春日大社の祭神のルーツでもある⑤海上守護、交通安全、心願成就、殖産興業など⑥祭頭祭《さいとうさい》（三月九日）、御《お》田植祭《たうえまつり》（五月一日）、神幸祭《しんこうさい》（九月一日～三日）。

●香《か》取神宮《とりじんぐう》

①経津主神《ふつぬしのかみ》②千葉県佐原市香取③ＪＲ成田線・佐原駅からバス一五分、下車後、徒歩五分④神武天皇の時代の創祀とされる。祭神の経津主神は物部《もののべ》氏の氏神である石上《いそのかみ》神宮の祭神と同一⑤海上守護、交通安全、心願成就、殖産興業など⑥御田植祭（四月の第一土・日曜日）、例大祭（四月十四日）、神幸祭（四月十五日）、大饗祭《だいきょうさい》（十一月三十日）。楼門、社殿、宝物館が見どころ。

※鹿島・香取両社は古来、深い関係で結ばれている。

●日光二荒《ふたら》山神社《さんじんじゃ》

①二荒山大神《ふたらさんおおかみ》②栃木県日光市山内③ＪＲ日光線・日光駅、東武日光線・東武日光駅からバスで一〇分④八世紀、御神体の二荒山（男体山《なんたいさん》）に勝道上人《しょうどうしょうにん》が小祠をまつったのが起源⑤家内安全、商売繁盛、縁結び、安産⑥弥生祭《やよいさい》（四月）。

●筑波《つくば》山神社《さんじんじゃ》

①筑波《つくば》男神《おのかみ》・筑波《つくば》女神《めのかみ》②茨城県つくば市筑波③茨城鉄道・筑波駅からバスで一五分、徒歩すぐ④筑波山山頂の男体・女体のふたつの峰に宿るとされた男女二神をまつったのが始まり⑤縁結び、家内安全、安産子育て。

●大洗磯前神社《おおあらいいそざきじんじゃ》

①大己貴命《おおなむちのみこと》・少彦名命《すくなひこなのみこと》②茨城県東茨城郡大洗町磯

【参拝ガイド――全国神社巡り】

浜③JR常磐線・水戸駅からバスで三五分④斉衡《さいこう》三年（八五六）の創祀と伝えられる⑤病難排除、国土安穏⑥八朔祭《はっさくさい》（八月一日）、有賀祭《ありがさい》（十一月十一日）。

大洗岬を見晴らす丘の上からの初日の出は有名。

●酒列磯前神社《さかつらいそざきじんじゃ》

①大己貴命《おおなむちのみこと》・少彦名命《すくなひこなのみこと》②茨城県ひたちなか市磯崎町③JR常磐線・水戸駅からバスで五〇分④大洗磯前神社と同じく、八五六年の創祀と伝えられる⑤病難排除、安産育児、漁業、醸造の守護。
※大洗磯前神社、酒列磯前神社ともに医薬の神で、「薬師《やくし》菩薩明神《ぼさつみょうじん》」の号がある。

●笠間稲荷神社《かさまいなりじんじゃ》

①宇迦之御魂命《うかのみたまのみこと》②茨城県笠間市笠間③JR水戸線・笠間駅から徒歩一五分④孝徳《こうとく》天皇（七世紀中ごろ）の時代の創祀と伝えられる⑤五穀豊穣、殖産興業、火伏⑥初午祭（二月初午）、御田植祭（五月二十八日）、菊祭（十月中旬から）。入母屋造《いりもやづくり》の楼門《ろうもん》（「萬世泰平門《まんせいたいへいもん》」）、樹齢八百年の藤の木が見どころ。

●一之宮貫前神社《いちのみやぬきさきじんじゃ》

①経津主神《ふつぬしのかみ》・姫大神《ひめおおかみ》②群馬県富岡市一ノ宮③上信電鉄・一ノ宮駅から徒歩一〇分④五世紀の創祀と伝えられる⑤開運、治安、農耕、縁結びなど⑥流鏑馬《やぶさめ》（四月十五日）、御戸開祭《みとびらきさい》（春と冬）。徳川家光が再建した本殿は「貫前造」といい、総漆塗・極彩色。

●秩父神社《ちちぶじんじゃ》

①八意思兼命《やごころおもいかねのみこと》・知知夫彦命《ちちぶひこのみこと》・天之御中主神《あめのみなかぬしのかみ》・秩父《ちちぶの》宮雍仁《みややすひと》親王②埼玉県秩父市番場町③西武秩父線・西武秩父駅から徒歩八分④崇神《すじん》天皇の時代（三世紀前半）の創祀と伝える⑤家内安全、厄除け、合格祈願⑥例祭（十二月三日）は「秩父夜祭《ちちぶよまつり》」として有名。

●三峰神社《みつみねじんじゃ》

①伊邪那岐命《いざなぎのみこと》・伊邪那美命《いざなみのみこと》 ②埼玉県秩父郡大滝村三峰 ③秩父鉄道・三峰口駅からバスで大輪下車、三峰山ロープウェイ大輪駅からロープウェイで八分、三峰山頂駅下車、徒歩一〇分 ④日本武尊《やまとたけるのみこと》が東国征伐の折、イザナギ・イザナミの国造りを慕って創祀したと伝えられる。江戸時代にはオオカミ（狼）を災難除けの守護としてまつり、その護符が人気を呼んだ ⑤五穀豊穣、厄除け ⑥筒粥《つつがゆ》神事（一月十五日）、ごもっともさま（節分）、例大祭（四月八日）。

●鷲宮神社《わしのみやじんじゃ》

①天穂日命《あめのほひのみこと》・大己貴命《おおなむちのみこと》 ②埼玉県北葛飾《きたかつしか》郡鷲宮町鷲宮 ③東武伊勢崎線・鷲宮駅から徒歩一〇分 ④出雲系の氏族が創祀したという古社で、中世には源頼朝など武士の崇敬篤く、関東の総社として栄えた ⑤厄除け、開運 ⑥土師一流催馬楽神楽《はじいちりゅうさいばらかぐら》（二月十四日）。頼朝の寄進状など社宝多数。

●氷川神社《ひかわじんじゃ》

①須佐之男命《すさのおのみこと》・稲田姫命《いなだひめのみこと》・大己貴命《おおなむちのみこと》 ②埼玉県さいたま市高鼻町 ③JR東北本線・大宮駅から徒歩二五分 ④創祀は孝昭《こうしょう》天皇（第五代天皇）の時代と伝えられる。中世、武将に篤く信仰され、明治以降は帝都の守護神として認められた ⑤五穀豊穣、厄除け ⑥例大祭（八月一日・二日）、大湯祭《だいとうさい》（十二月）。

●神田神社《かんだじんじゃ》

①大己貴命《おおなむちのみこと》・少彦名命《すくなひこなのみこと》・平将門《たいらのまさかど》 ②東京都千代田区外神田 ③JR中央本線・御茶ノ水駅、秋葉原《あきはばら》駅から徒歩五分 ④天平《てんぴょう》二年（七三〇）の創祀とされ、平将門をまつる江戸の総鎮守として信仰されてきた。明治になって逆賊・将門を祭神から排除し、大

洗磯前神社（二一八～二一九ページを参照）から少彦名命を勧請した。昭和五九年（一九八四）、将門は復帰した⑤出世開運⑥神田祭（五月中旬）には二百基の御輿が練り歩く。

●靖国神社《やすくにじんじゃ》

①国事殉難《こくじじゅんなん》の英霊二百四十六万柱②東京都千代田区九段北③地下鉄・九段下駅から徒歩一分④明治元年（一八六八）に江戸城内で、招魂祭《しょうこんさい》が執行されたことに由来し、明治天皇の命により現在地に東京招魂社を造営し、明治十二年（一八七九）、靖国神社となった。第8章一八〇～一八一ページを参照⑤国家平和、家内安全⑥春季例大祭（四月）、みたま祭（七月）、秋季例大祭（十月）。

●明治神宮《めいじじんぐう》

①明治天皇・昭憲皇太后《しょうけんこうたいごう》②東京都渋谷区代々木神園町③JR山手線・原宿駅から徒歩五分④明治天皇の崩御後、その御魂をまつるために建てられ、大正九年（一九二〇）に社殿が完成した⑤国土安穏ほか⑥例大祭（十月三十一日から十一月三日）。

▲明治神宮

●大国魂神社《おおくにたまじんじゃ》

①大国魂大神《おおくにたまのおおかみ》・御霊大神《ごりようのおおかみ》・小野大神《おののおおかみ》・小河大神《おがわのおおかみ》・氷川大神《ひかわのおおかみ》ほか②東京都府中市宮町③JR南武線・府中本町駅、京王線・府中駅から徒歩五分④景行《けいこう》天皇（三世紀後半）の時代、武蔵《むさし》国の鎮守としてまつったのが創祀と伝えられる⑤五穀豊穣、悪病除けなど⑥例大祭（五月五日）は「暗闇祭《くらやみまつり》」として有名。

●御岳神社《みたけじんじゃ》

①櫛真《くしま》智命《ちのみこと》・大己貴命《おおなむちのみこと》・少彦名命《すくなひこなのみこと》②東京都青梅市友田町③JR青梅線・御岳駅からバス一〇分、ケーブルカー滝本駅からケーブルカーで六分、御岳山頂駅から徒歩二〇分④奈良時代に行基《ぎょうき》菩薩が蔵王権現《ざおうごんげん》をまつったのが始まりと伝えられる。中世以降は農耕の神として関東一円の農家の信仰を集めてきた。標高八〇〇メートルを超える山上に門前町を形成し、宿坊《しゅくぼう》や土産物店などが並ぶ⑤五穀豊穣ほか⑥太占《ふとまに》神事（一月三日、鹿の肩甲骨を焼いて作物の豊凶を占う古式に則った神事。第6章一三二ページを参照）、奉納剣道試合（四月二十九日）、日の出祭（五月八日）。

●鶴岡八幡宮《つるがおかはちまんぐう》

①応神《おうじん》天皇・神功《じんぐう》皇后・比売大神《ひめおおかみ》②神奈川県鎌倉市雪ノ下③JR横須賀線・鎌倉駅から徒歩一〇分④源氏と鎌倉幕府の鎮守神として創祀。康平《こうへい》六年（一〇六三）に源氏の祖、源 頼義《みなもとのよりよし》が石清水《いわしみず》八幡宮を勧請《かんじょう》したのが起源⑤家内安全、出世開運、交通安全。第7章一五六ページを参照⑥例大祭（九月十五日）には「八乙女舞《やおとめまい》」が催され、翌日には流鏑馬《やぶさめ》がある。

●江島神社《えのしまじんじゃ》

①多紀理比売命《たぎりひめのみこと》・市寸島比売命《いちきしまひめのみこと》・田寸津比売命《たぎつひめのみこと》②神奈川県藤沢市江の島③小田急江ノ島線・片瀬江ノ島

駅から徒歩五分④源《みなもとの》頼朝《よりとも》の命により文覚上人《もんがくしょうにん》が岩窟に弁才天をまつったのが始まり。広島の厳島《いつくしま》、琵琶湖の竹生島《ちくぶじま》とともに日本三大弁天の一つとして有名⑤海運、漁業⑥例大祭（四月最初の巳《み》の日）。

●箱根《はこね》神社《じんじゃ》

①瓊瓊杵尊《ににぎのみこと》・彦火火出見尊《ひこほほでみのみこと》・木花之佐久夜毘売命《このはなのさくやひめのみこと》②神奈川県足柄下郡箱根町元箱根③小田急小田原線・箱根湯本駅からバスで四〇分④主峰駒ヶ岳に対する山岳信仰に由来し、奈良時代に万巻上人《まんがんしょうにん》が権現《ごんげん》をまつったのが始まりと伝えられる⑤心願成就、交通安全、開運厄除け、勝運守護⑥湖水祭（七月三十一日）、例大祭（八月一日）、万巻上人祭（十月二十四日）。万巻上人像（重文）ほか、多数の古文書を蔵する。

●寒川《さむかわ》神社《じんじゃ》

①寒川比古命《さむかわひこのみこと》・寒川比女命《さむかわひめのみこと》②神奈川県高座《こうざ》郡寒川町宮山③JR相模《さがみ》線・宮山駅から徒歩五分④創祀は神亀《じんき》四年（七二七）と伝えられ、相模国の一ノ宮、関八州《かんはっしゅう》の守護神として信仰されてきた⑤農業、治水、漁猟、殖産興業など⑥国府祭（五月五日）、浜降祭《はまおりさい》（七月十五日）。

●大山《おおやま》阿夫利《あふり》神社《じんじゃ》

①大山祇大神《おおやまづみのおおかみ》・高龗神《たかおかみのかみ》・大雷神《おおいかづちのかみ》②神奈川県伊勢原《いせはら》市大山③小田急小田原線・伊勢原駅からバス二五分、のちケーブルカーで六分、下社《しもしゃ》駅下車、徒歩五分④創祀は崇神《すじん》天皇の時代と伝えるが、八世紀には石尊大権現《せきそんだいごんげん》と不動明王《ふどうみょうおう》がまつられ、やがて真言《しんごん》密教の修験道場《しゅげんどうじょう》になった⑤商売繁盛、厄除けなど⑥春山祭（四月五日〜二十日）、神事能（五月五日、八月二十八日）、秋季例大祭（八月二十七日〜二十九日）ほか。

信越・北陸地方の神社

●戸隠神社《とがくしじんじゃ》

①天手力雄命《あめのたぢからおのみこと》・天八意《あめのやごころ》思兼命《おもいかねのみこと》・天表春命《あめのうわはるのみこと》②長野県上水内郡《かみみのち》戸隠村《とがくし》③JR信越本線・長野駅からバスで一時間④戸隠山は天照大御神《あまてらすおおみかみ》がこもっていた天岩戸《あまのいわと》を天手力雄命が力任せに開けたときに、その一部が飛んできて山になったという伝説がある。創祀は孝元《こうげん》天皇（紀元前三〜二世紀）の時代とされるが、平安以降は天台修験《てんだいしゅげん》の霊場として栄えた。宝光《ほうこう》社《しゃ》・中社《なかしゃ》・奥社《おくしゃ》からなり、奥社が本社⑤五穀豊穣、技芸など⑥春季例祭（中社・五月十四日／奥社・五月十五日／宝光社・五月十六日）、夏季例祭（中社・八月十四日／奥社・八月十五日／宝光社・八月十六日）、秋季例祭（中社・十月二十二日／奥社・十月二十三日／宝光社・十月二十四日）。

●諏訪大社《すわたいしゃ》

①建御《たけみ》名方神《なかたのかみ》・八《や》坂刀《さかと》売神《めのかみ》②上社―長野県諏訪市中洲神宮寺、下社―諏訪市下諏訪町下之原③上社―JR中央本線・茅野《ちの》駅からバス、下社―JR中央本線・下諏訪駅からバス④創祀年代は不詳だが、鎌倉時代以降は軍神、農耕神として盛んに信仰され、現在では全国にある約一万の諏訪社の総本社として崇敬されている⑤五穀豊穣、開運長寿、交通安全⑥御柱祭《おんばしらさい》（七年に一度）、お船祭（二月、八月）、御神渡《おみわたり》（厳冬期）。

●御岳神社《おんたけじんじゃ》

①国常立尊《くにとこたちのみこと》・大己貴命《おおなむちのみこと》・少彦名命《すくなひこなのみこと》②長野県木曾郡王滝村上島③JR中央本線・木曾福島駅からバスで二時間④七〇二年、御神体の木曾御岳山頂に信濃の国司が奥社を開いたのが起源とされる。江戸時代

【参拝ガイド――全国神社巡り】

には御岳講《おんたけこう》が結成され、やがて「御岳教《おんたけきょう》」が成立して、今日まで盛んな信仰を集めている⑤国土安穏、家内安全⑥山開き（六月）。

●白山比咩《しらやまひめ》神社《じんじゃ》

①白山比咩大神《しらやまひめのおおかみ》（菊理媛《くくりひめ》）・伊邪那岐神《いざなぎのかみ》・伊邪那美《いざなみの》神《かみ》②石川県石川郡鶴来《つるぎ》町三宮町③北陸鉄道・加賀《かが》一の宮駅から徒歩五分④崇神天皇の時代に白山の遥拝《ようはい》所《じょ》として開かれたと伝えられる。中世以降は修験道《しゅげんどう》の聖地となり、全国の白山社の総本社として崇敬されている⑤五穀豊穣、開運招福など⑥例大祭（五月六日）、御贄《みにえ》祭（六月）ほか。

●気《け》比《ひ》神宮《じんぐう》

①伊奢沙別命《いざさわけのみこと》ほか②福井県敦賀《つるが》市曙町③ＪＲ北陸本線・敦賀駅から徒歩一五分④創祀は古く、応神《おうじん》天皇、神功《じんぐう》皇后などが参拝したと伝えられ、越前《えちぜん》国の一の宮として崇敬を集めてきた⑤五穀豊穣、海上安全、大漁祈願、無病息災⑥総参祭《そうのうまつり》（七月二十二日）、例大祭（九月二日～十五日）。大鳥居（重文）が見どころ。

●若狭《わかさ》彦神社《ひこじんじゃ》

①上社―彦火火出見尊《ひこほほでみのみこと》、下社―豊玉姫尊《とよたまひめのみこと》②上社―福井県小浜市龍前、下社―福井県小浜市遠敷《おにゅう》③ＪＲ小浜線・東小浜駅から徒歩三〇分④奈良時代に元正《げんしょう》天皇（八世紀前半）の勅願《ちょくがん》で建てられたと伝えられる。上社は若狭国の一の宮、下社は二の宮として栄えた⑤国家安穏ほか⑥例大祭（上社―十月十日、下社―三月十日）。

●気《け》多《た》大社《たいしゃ》

①大己貴命《おおなむちのみこと》②石川県羽咋《はくい》市寺家町③ＪＲ七尾線・羽咋駅からバスで一〇分④創祀年代は不詳だが、

大伴家持《おおとものやかもち》が参拝したことで知られ、能登《のと》国の一の宮として崇敬されてきた⑤海上安全、安産、思い結びなど⑥平国祭《くにむけまつり》（おいで祭、三月十八日〜二十三日）、追澄祭《おいみずまつり》（四月三日）、鵜祭《うまつり》（十二月十六日）。気多大社社叢《しゃそう》（「入らずの杜《もり》」天然記念物）が知られている。

東海地方の神社

●三島大社《みしまたいしゃ》

①大山祇命《おおやまづみのみこと》・事代主命《ことしろぬしのみこと》②静岡県三島市大宮町③JR東海道新幹線・三島駅から徒歩一〇分④古くから三島大明神《だいみょうじん》として信仰され、源頼朝《みなもとのよりとも》が源氏復興を祈願して以来、武士の崇敬を集めた⑤五穀豊穣、商売繁盛、大漁祈願、合格祈願⑥田打祭《たうちまつり》（一月七日）、奉射祭《ほうしゃさい》（一月十七日）、鎮火祭《ちんかさい》（四月九日）。北条政子《ほうじょうまさこ》奉納の梅蒔絵手箱《うめまきえてばこ》（国宝）ほかを蔵する。

●富士山本宮浅間大社《ふじさんほんぐうせんげんたいしゃ》

①木花之佐久夜毘売命《このはなのさくやひめのみこと》②静岡県富士宮《ふじのみや》市宮町③JR東海道新幹線・新富士駅、身延《みのぶ》線・富士宮駅から徒歩一〇分④創祀は古く、孝霊《こうれい》天皇（紀元前三世紀ごろ）によるとされる。大同《だいどう》元年（八〇六）には現

在地に壮大な社殿を造営、以来、朝廷や武将の篤い崇敬を受け、全国の浅間社の総本社として信仰されている⑤火難消除、五穀豊穣、大漁祈願、航海安全、安産など⑥やぶさめ祭（五月四日〜六日）、御田植祭《おたうえさい》（七月七日）、例大祭（十一月三日〜五日）。

●真《ま》清田《すみだ》神社《じんじゃ》

①天火明命《あめのほあかりのみこと》 ②愛知県一宮市真清田③JR東海道本線・尾張一宮駅から徒歩七分④創祀は神武天皇（紀元前七〜六世紀）の時代と伝えられ、平安時代以降、社格が高まり尾張一の宮として崇敬された⑤五穀豊穣、殖産興業⑥例大祭（四月三日）ほか、摂社《せっしゃ》である服織《はとり》神社の「織物感謝祭」（七月）も有名。

●椿大神社《つばきおおかみやしろ》

①猿田《さるた》彦大神《ひこのおおかみ》・瓊瓊《にに》杵尊《ぎのみこと》・栲幡千《たくはたち》千《ぢ》媛尊《ひめのみこと》 ②三重県鈴鹿《すずか》市山本町③近鉄名古屋線・四日市駅からバスで四〇分④全国に二千余りある猿田彦をまつる神社の総本社《そうほんじゃ》で、土地の守護神として建設・土木関係者の信仰が篤い⑤交通安全、国土安穏。

●花窟《はなのいわや》神社《じんじゃ》

①伊邪那岐命《いざなぎのみこと》 ②三重県熊野市有馬町③JR紀勢本線・熊野市駅から徒歩一五分④有馬は『日本書紀』にイザナギを葬った場所とされ（『古事記』では広島県の比婆山《ひばやま》とされる）、高さ七〇メートルの巨岩が御神体で、社殿はない。巨岩の下に祭壇を設け、玉砂利を敷き詰めて、玉垣で囲っただけの、自然崇拝の原形を伝えている⑥お綱かけ（藁《わら》で編んだ旗を綱につけ、岩の頂上から近くの松の梢に渡す神事、二月と十月）。

京都の神社

●北野天満宮《きたのてんまんぐう》

①菅原道真《すがわらのみちざね》②京都市上京区馬喰町《ばくろちょう》③JR京都駅からバスで二〇分④菅原道真の怨霊《おんりょう》を鎮めるために天《てん》暦《りゃく》元年（九四七）に社殿を造営したのが起源⑤学問成就。第7章一五一～一五二ページを参照⑥北野祭（例大祭、八月四日）、瑞饋祭《ずいきまつり》（十月四日）。八棟《やつむね》造《づくり》の社殿。

●松尾大社《まつのおたいしゃ》

①大山咋神《おおやまぐいのかみ》・市杵島姫命《いちきしまひめのみこと》②京都市西京区嵐山宮町③阪急嵐山線・松尾駅から徒歩五分④もと松雄山の山上に鎮座していた神霊を、大宝《たいほう》元年（七〇一）に社殿を造営して、まつったのが起源。境内の「亀《かめ》の井《い》」という霊泉は酒造の水として優れ、酒造、醸造の神としても信仰されている⑤醸造、開拓、治水、土木、建築、商業、文化、延命、交通安全、安産など⑥松尾祭《まつのおさい》（四月）、御田植祭《おたうえさい》（七月二十三日）。上代、平安、鎌倉の各時代の様式を代表する庭園が見どころ。

▲松尾大社

●貴船神社《きぶねじんじゃ》

①高龗神《たかおかみのかみ》②京都市左京区鞍馬《くらま》貴船町③京福電鉄鞍馬線・貴船口駅から徒歩二〇分④反正天皇《はんぜい》（六世紀）の時代の創祀と伝えられる。祭神の高龗神は水神で、雨を左右する霊験があると信じられている⑤祈雨、災厄除け。第7章一四七～一四八ページを参照⑥境内に万病に効くという霊泉がある。

●平安神宮《へいあんじんぐう》

①桓武《かんむ》天皇・孝明《こうめい》天皇②京都市左京区岡崎西天王町③ＪＲ京都駅からバスで二〇分④平安遷都（七九四年）から数えて千百年目の明治二十八年（一八九五）に社殿が造営された。明治維新で都が東京に移ると、京都市民の間に平安京の創始者、桓武天皇への追慕の念が深まった。平安神宮はこのような京都市民の総意に基づき、平安京の大極殿《たいきょくでん》を模して造営された。孝明天皇は京を都とした最後の天皇（在位一八四七～一八六六年）である。第8章一七八～一七九ページを参照⑤国土安穏、家内安全⑥時代祭（十月二十二日）。約三万平方メートルの神苑《しんえん》が見どころ。

▲平安神宮

●吉田《よしだ》神社《じんじゃ》

①建甕槌命《たけみかづちのみこと》・伊波比主命《いわいぬしのみこと》・天之子八根命《あめのこやねのみこと》・比売神《ひめのかみ》

②京都市左京区吉田神楽岡町③JR京都駅からバスで三〇分④貞観《じょうがん》元年（八五九）に平安京の守護神としてまつられたのが起源と伝える。室町時代の応仁の乱以降、荒廃したが、吉田《よしだ》神道《しんとう》の創始者、吉田兼倶《かねとも》が復興した。兼倶は「日本最上神祇斎場《にほんさいじょうじんぎさいじょう》」という風変わりな祭殿を創設、八百万《やおよろず》の神すべてをまつって日本の神社の中枢とした⑤厄除け、諸災祓い⑥節分祭（二月）。吉田山の大半を占める神苑は四季折々の自然が美しい。

●八《や》坂神社《さかじんじゃ》

①須佐之男命《すさのおのみこと》・櫛稲田姫命《くしなだひめのみこと》・八柱御子神《やはしらのみこのかみ》②京都市東山区祇園町《ぎおんちょう》北側③JR京都駅からバスで一五分、または京阪、阪急・四条《しじょう》駅から徒歩五分④創祀は平安時代。明治の神仏分離までは「祇園社《ぎおんしゃ》」「祇園感神《かんじん》院《いん》」と呼ばれており、現在でも「祇園さん」の名で親しまれている。祇園の名はインドの祇園精舎《しょうじゃ》の守護神である牛頭天王《ごずてんのう》をまつることによる。祭神のスサノオノミコトは牛頭天王と同一視されている⑤諸災祓い、病気平癒、商売繁盛⑥祇園祭（七月十七日）・白朮詣《おけらまいり》（大晦日から元旦にかけて）。背後の円山公園にある枝垂《しだれ》桜は有名。

▲八坂神社

【参拝ガイド――全国神社巡り】

●伏見稲荷大社《ふしみいなりたいしゃ》

①宇迦之御魂大神《うかのみたまのおおかみ》・佐田彦大神《さたひこのおおかみ》・大宮能売大神《おおみやのめのおおかみ》・田中大神《たなかのおおかみ》・四大神《しのおおかみ》②京都市伏見区深草藪之内町③JR奈良線・伏見駅から徒歩五分④創祀は和銅《わどう》四年（七一一）だが、もともとは古代豪族の一氏で秦《しん》の始皇帝《しこうてい》の末裔といわれる秦氏《はた》が信仰していた氏神と考えられている。全国に四万ともいわれる稲荷社の総本社⑤商売繁盛、家内安全、芸能上達⑥奉射祭《ほうしゃさい》（一月十二日）、初午《はつうま》大祭（二月初午）、稲荷祭（四月下旬）、本宮祭（七月）。一万本に及ぶ鳥居が見どころ。

●石清水八幡宮《いわしみずはちまんぐう》

①誉田別命《ほんだわけのみこと》・比咩大神《ひめのおおかみ》・息長帯比売命《おきながたらしひめのみこと》②京都府八幡《やわた》市八幡高坊③京阪本線・八幡市駅からケーブルカーで三分④貞観《じょうがん》元年（八五九）に宇佐八幡宮を男山《おとこやま》（一四三メートル）の山頂に勧請《かんじょう》したのが起源。以来、急速に社格が高まって、伊勢神宮とともに「二所宗廟《にしょそうびょう》」といわれ、歴代天皇の参詣が多いことでも知られる⑤厄除け開運、家内安全⑥青山祭《せいざんさい》（一月十八日）、石清水祭（九月十五日。古くは石清水放生会《ほうじょうえ》と呼ばれていた）。石灯籠、五輪塔などが見どころ。

▲石清水八幡宮

近畿地方の神社

●建部大社《たけべたいしゃ》

①日本武尊《やまとたけるのみこと》②滋賀県大津市神領《じんりょう》③ＪＲ東海道本線・石山駅から徒歩一〇分④景行天皇《けいこう》（一世紀）の時代に日本武尊をまつるために近江《おうみ》国神崎郡に創建されたが、天武《てんむ》天皇四年（六七六）に、近江の国衙《こくが》（国司《こくし》の役所）が置かれたこの地に移されたという。源頼朝が源家の再興を祈願して以来、武運出世の神として信仰を集めた⑤国土安穏、開運招福、合格祈願⑥例大祭（四月十五日）、船幸祭《せんこうさい》（八月十七日）。

●山王総本宮日吉大社《さんのうそうほんぐうひよしたいしゃ》

①大己貴神《おおなむちのかみ》（西本宮）・大山咋神《おおやまぐいのかみ》（東本宮）②滋賀県大津市坂本③ＪＲ湖西線・叡山駅、京阪石坂線・坂本駅から徒歩一〇分④『古事記』に「大山咋神は日枝山《ひえのやま》に座《いま》す」とあるのが創祀の起源だといい、霊峰比叡山《ひえいざん》の東の麓に鎮座する祭神は、もともと比叡山の地主神だった。古くは「日枝」「稗叡」「比叡」と書いて「ヒエ」と読んだが、平安末期ごろから「ヒヨシ」と読むようになったらしい。全国に三千八百社余りある山王社《さんのうしゃ》の総本社⑤家内安全⑥大戸《おおと》開《びらき》神事（元旦）、牛神楽《うしかぐら》（三月十五日）、山王祭（三月第一日曜および四月三日、十二日〜十五日）、山王礼拝講（五月二十六日）。日吉造《ひえづくり》の東西本殿は国宝。

●住吉大社《すみよしたいしゃ》

①底筒男命《そこつつおのみこと》・中筒男命《なかつつおのみこと》・表筒男命《うわつつおのみこと》・息長足姫命《おきながたらしひめのみこと》（神功《じんぐう》皇后）②大阪市住吉区住吉③南海電鉄本線・住吉大社駅から徒歩二分④創祀は神功皇后（四世紀）の時代とされ、祭神の筒男三神は海神と考えられている。海上守護の神として篤く信仰され、後に商売繁盛の神として熱烈な信仰を集め、今日に至ってい

る。第7章一五八ページを参照⑤海路安全、農業、産業、和歌の守護神⑥お田植祭（六月四日）、例祭（八月一日）。四棟の本殿は住吉造の典型、舞楽を奏する石舞台は重文である。

●石切剣箭命神社《いしきりつるぎやのみことじんじゃ》

①天照国照火明櫛玉饒速日命《あまてるくにてるほあかりくしたまにぎはやひのみこと》・宇摩志摩治尊《うましまじのみこと》②大阪府東大阪市東石切町③近鉄奈良線・新石切駅から徒歩一〇分④創祀年代は不詳だが、河内《かわち》国の式内社《しきないしゃ》として古くから知られている。「石切さん」の愛称で親しまれ、とくにでんぼ（腫物《はれもの》）切りの神として庶民の信仰を集め、最近では癌などの難病に霊験ありとして多くの参詣者がある。年間の参詣者三百五十万人。第7章一四九ページを参照⑤病気平癒《へいゆ》（とくに癌）⑥春季例祭（四月十四日〜十六日）、夏季例祭（八月三日〜四日）、秋季例祭（十月二十一日〜二十二日）。

●大鳥大社《おおとりたいしゃ》

①日本武尊《やまとたけるのみこと》・大鳥連祖神《おおとりむらじのおやのかみ》②大阪府堺市鳳北《おおとりきた》町③JR阪和線・鳳駅から徒歩五分④伊勢国で逝去した日本武尊が鳳に化身して、この地に鎮まったと伝えられる。明治四年（一八七一）に土地の神の大鳥連祖神を合祀した⑤国土安穏、開運招福⑥花摘祭《はなつみまつり》（四月十三日）、神輿渡御祭《みこしとぎょさい》（七月三十一日）、例祭（八月十三日）。社殿は大社造に似た大鳥造。

●生国魂神社《いくくにたまじんじゃ》

①生島神《いくしまのかみ》・足島神《たるしまのかみ》・大物主神《おおものぬしのかみ》②大阪市天王寺区生玉町③地下鉄・谷町九丁目駅から徒歩五分④神武天皇が東征の折に石山碕《いしやまざき》（現在の大阪城付近）に生島神と足島神をまつったのを起源とする⑤商売繁盛、生類発展⑥例大祭（九月九日）、左義長神事《さぎちょうしんじ》ほか。社殿は生国魂造《いくくにたまづくり》という特殊な建物で、桃山文化を代

表する豪壮なもの。

●枚岡神社《ひらおかじんじゃ》

①天児屋根大神《あめのこやねのおおかみ》・比売大神《ひめのおおかみ》・斎主大神《いわぬしのおおかみ》・武甕槌《たけみかづちの》 大《おお》神《かみ》②大阪府東大阪市出雲井《いずもい》町③近鉄奈良線・枚岡駅から徒歩二分④河内《かわち》で勢力を誇った有力豪族、中臣《なかとみ》氏（後の藤原氏）の氏神《うじがみ》と伝えられ、石切剣箭命神社とともに古くから式内社としてその名が知られている⑤家内安全、開運、学問成就⑥粥占《かゆうら》神事（一月十五日）、注連縄《しめなわ》神事（十二月）。

●西宮神社《にしのみやじんじゃ》

①西宮 大神《にしのみやのおおかみ》・天照大御神《あまてらすおおみかみ》・大国主大神《おおくにぬしのおおかみ》・須佐之男《すさのおの》大神《おおかみ》②兵庫県西宮市社家《しゃけ》町③阪神電鉄神戸線・阪神西宮駅から徒歩五分④主祭神の西宮大神はイザナギ、イザナミの最初の子で、足が不自由だったので海に流された蛭子大神《ひるこのおおかみ》。これが海上から再び漂着して豊漁の神となり、さらに商売繁盛の神となった。「えべっさん」の名で広く親しまれている⑤商売繁盛、海上交通、福徳円満。第7章一四三～一四四ページを参照⑥十日戎《とおかえびす》（一月十日）、誓文祭《せいもんさい》（十一月）。

●湊川神社《みなとがわじんじゃ》

①楠木正成《くすのきまさしげ》②兵庫県神戸市中央区多聞通③ＪＲ神戸駅から徒歩三分④慶応三年（一八六七）、湊川で足利尊氏に敗れた楠木正成をまつる神社として創建された。第8章一八〇～一八一ページを参照⑤国家安泰、厄難守護⑥楠公祭《なんこうさい》（五月二十五日、楠木正成を先頭に千人あまりの武者行列が行なわれる）、例大祭（七月二十五日）。

●春日大社《かすがたいしゃ》

①武甕槌 命《たけみかづちのみこと》・経津主命《ふつぬしのみこと》・天児屋根命《あめのこやねのみこと》・比売神《ひめのかみ》②奈良市春日野町③近鉄奈良線・奈良駅からバスで一〇

▲春日大社

分④祭神はもともと藤原氏の氏神で、和銅《わどう》二年（七〇九）、平城京造営に際して藤原不比等《ふじわらのふひと》が皇城鎮護《こうじょうちんご》の神としてまつったのが起源⑤開運厄除け、交通安全⑥万灯籠《まんとうろう》（二月、八月）。春日造の社殿、約千八百基の石灯籠は見ごたえがある。

●石上神宮《いそのかみじんぐう》

①布都御魂大神《ふつのみたまのおおかみ》・布留御魂大神《ふるのみたまのおおかみ》・布都斯御魂大神《ふつしみたまのおおかみ》②奈良県天理《てんり》市布留《ふる》町③近鉄天理線・天理駅から徒歩二〇分④神武天皇が大和を平定したときに使ったという神剣を祭神とし、古くは大和朝廷の武器庫の役割を果たしていたと考えられている⑤国家鎮護、百事成就、病気平癒⑥七支刀《ななさやのたち》（国宝）を蔵する⑥玉の緒祭（二月節分）、お田植祭（二月十五日）、例祭（「でんでん祭」六月三十日、「ふる祭」十月十五日）。

●丹生川上神社《にうかわかみじんじゃ》

①上社—高龗神《たかおかみのかみ》ほか、中社—罔象女神《みづはのめのかみ》ほか、下社—闇龗神《くらおかみのかみ》②上社—奈良県吉野郡川上村、中社—吉野郡東吉野村、下社—吉野郡下市《しもいち》町長谷《はせ》③上社—近鉄吉野線・大和上市駅からバスで三〇分、湯盛《ゆもり》温泉下車、徒歩一五分。中社—近鉄大阪線・榛原《はいばら》駅から

バスで四〇分。下社―近鉄吉野線・下市口駅からバスで四〇分、長谷下車④天武天皇の四年（六七六）の創祀と伝えられている。古くから京都の貴船神社と並んで祈雨《きう》・止雨《しう》に霊験ありとして知られ、朝廷の崇敬も篤かった。「延喜式《えんぎしき》」には名神大社《みょうじんたいしゃ》として記載されている⑤祈雨・止雨⑥例大祭（十月）ほか。

●橿原神宮《かしはらじんぐう》

①神武《じんむ》天皇②奈良県橿原市久米町③近鉄橿原線、南大阪線・橿原神宮前駅から徒歩一〇分④明治二十二年（一八八九）、神武天皇が即位したという橿原宮址に創建された。第8章一七九ページを参照⑤天《てん》業恢弘《ぎょうかいこう》、世界平和、共存共栄、開運招福、延命長寿⑥例祭（紀元祭、二月十一日）、神武天皇祭（四月三日）。

●熊野《くまの》三山《さんざん》

①家都美御子大神《けつみみこのおおかみ》（本宮大社《ほんぐうたいしゃ》）・速玉之男神《はやたまのおのかみ》（速玉《はやたま》大社《たいしゃ》）・熊野夫須美大神《くまのふすみのおおかみ》（那智大社《なちたいしゃ》）②和歌山県東《ひがし》牟婁《むろ》郡本宮《ほんぐう》町（本宮）・和歌山県新宮市（速玉）・和歌山県東牟婁郡那智勝浦《かつうら》町（那智）③ＪＲ紀勢本線・新宮駅からバスで一時間（本宮）・ＪＲ紀勢本線・新宮駅からバスで一〇分（速玉）・ＪＲ紀勢本

▲熊野本宮大社

▲那智大社

線・那智駅からバスで二五分（那智）④三山の中心となるのが熊野本宮大社で、熊野川、音無川《おとなしがわ》、岩田川の合流地点に鎮座し、崇神《すじん》天皇（三世紀前半）の時代に創祀されたと伝えられる。熊野川の河口付近に鎮座するのが速玉大社で、創祀は景行《けいこう》天皇（三世紀末～四世紀前半）とされている。両社よりも遅く、速玉大社の南西にまつられたのが那智大社である。那智大社は那智の滝を御神体とすることで有名。また、三社ともに神武天皇が大和に向かうときに道案内をしたという八《や》咫烏《たがらす》の伝承があり、これにちなんで烏の姿を組み合わせた牛王神璽《ごおうしんじ》という神符《しんぷ》を発行している⑤三社とも国土安穏⑥宝印神事《ほういんしんじ》（八咫烏神事、一月七日）、例大祭（湯登神事・宮渡神事、四月十三日、御田祭・神輿渡御祭、四月十五日）以上、本宮大社。御燈祭（二月六日）、神馬渡御式（十月十五日）、御船祭《みふねまつり》（十月十六日）、境内のナギの木は天然記念物、以上、速玉大社。牛王神璽符摺初《すりぞめ》式（一月二日）、牛王神璽祭（一月二日～八日）、例大祭（七月十四日）、那智の火祭り（扇祭、七月十四日）以上、那智大社。

中国・四国地方の神社

●出雲大社《いずもたいしゃ》

①大国主大神《おおくにぬしのおおかみ》②島根県簸川《ひかわ》郡大社町《たいしゃ》③ＪＲ山陰本線・出雲市駅からバスで三〇分④伊勢神宮と並ぶ日本最古の神社で、「延喜式《えんぎしき》」には「杵築大社《きづきのおおやしろ》」と記され、長くこの名で呼ばれていたが、明治四年（一八七二）に現名に改められた。祭神の大国主大神が葦原中国《あしはらのなかつくに》を天孫《てんそん》に譲ってこの地に来たときに祭祀をしたのが天穂日命《あめのほひのみこと》で、その子孫が出雲の国造《くにのみやつこ》、すなわち出雲大社の宮司となって今日まで奉仕を続けているという。十月の神無月《かんなづき》には日本中の神々が出雲に集まることから、出雲では「神在月《かみありづき》」という⑤縁結び。第7章一五三ページを参照⑥例大祭（五月）、神在祭《かみありさい》（十月）、古伝新嘗祭《こでんにいなめさい》（十一月）。大社造の本殿、拝殿前の巨大な注連縄《しめなわ》が見どころ。

●宇倍神社《うべじんじゃ》

①武内宿禰《たけのうちのすくね》②鳥取県岩美《いわみ》郡国府《こくふ》町宮下③ＪＲ山陰本線・鳥取駅からバスで一五分④わが国最初の宰相で、三百六十歳まで生き長らえたという武内宿禰の昇天の地にまつられた神社。古くから延命長寿の神として信仰されてきた⑤延命長寿、立身出世、商売繁盛、子供の神⑥例大祭（四月二十一日）には全国有数の御輿（重さ約一・五トン）が練り歩き、また無形文化財の麒麟獅子舞《きりんししまい》も奉納される。

●吉備津神社《きびつじんじゃ》

①大吉備津彦命《おおきびつひこのみこと》②岡山県岡山市吉備津③ＪＲ山陽新幹線・岡山駅からバスで三〇分④吉備地方（岡山県と広島県東部）を平定した吉備津彦命をはじめ、吉備氏一族の祖神をまつる神社で、平安時代以降は備中《びっちゅう》（岡山県西部）の一の宮として栄えた。祭神の

吉備津彦命は百済《くだら》の鬼を退治したと伝えられることから、桃太郎伝説の主人公とされている。岡山市一宮の吉備津彦神社は、吉備津神社を備前一の宮として勧請したもの⑤家内安全、厄除け⑥例大祭（五月の第二日曜、十月十九日）。

●厳島神社《いつくしまじんじゃ》

①市杵島姫命《いちきしまひめのみこと》・田心姫命《たごりひめのみこと》・湍津姫命《たぎつひめのみこと》②広島県佐伯《さえき》郡宮島《みやじま》町③JR山陽本線・宮島口駅から連絡船で一〇分④創祀は推古《すいこ》天皇の元年（五九三）と伝えられる。後に平清盛《たいらのきよもり》が戦勝を祈願して、勝利するたびに社殿などを寄進して壮麗な神社が造営された。清盛の武人としての成功とともに発展したこの神社は、その後も武将の崇敬が篤かった⑤交通安全、大漁祈願⑥火渡り式（四月十五日、十一月十五日）、お鳥喰《とぐい》式《しき》（五月十五日）、管弦祭《かんげんさい》（旧六月十七日）、鎮火祭《ちんかさい》（十二月三十一日）。島全体が日本三景に選ばれている名勝である。

●金刀比羅宮《ことひらぐう》

①大物主神《おおものぬしのかみ》・崇徳《すとく》天皇②香川県仲多度《なかたど》郡琴平《ことひら》町③JR土讃《どさん》線・琴平駅から参道口まで徒歩一五分④全国

▲金刀比羅宮

に約七百社ある金毘羅《こんぴら》神社の総本社《そうほんじゃ》。「コンピラ」はもともとインドの川の神で、日本には仏教とともに伝えられ、海の神として信仰された。平安時代にコンピラ信仰が始まり、室町時代には大流行して今日に至っている。明治になって祭神が定められた⑤漁業航海、豊業殖産、医薬、福徳円満。第7章一五八ページを参照⑥例大祭（「こんぴらまつり」「お頭人様《とうにんさま》」とも呼ばれる、十月十日）。「五人百姓《ごにんびゃくしょう》」と呼ばれる露天商が昔ながらの商売を営む。

●土佐神社《とさじんじゃ》

①味耜高彦根命《あじすきたかひこねのみこと》②高知県高知市一宮③ＪＲ土讃線・高知駅からバスで二〇分④雄略《ゆうりゃく》天皇（五世紀）の創建と伝えられ、古くから土佐一の宮として崇敬されてきた。戦国時代には四国平定を祈願した長宗我部元親《ちょうそかべもとちか》が入蜻蛉《いりとんぼ》という独自の建築様式で社殿を再建⑤家内安全、商売繁盛⑥例大祭（八月二十五日）ほか。

●大麻比古神社《おおあさひこじんじゃ》

①大麻比古大神《おおあさひこのおおかみ》・猿田彦大神《さるたひこのおおかみ》②徳島県鳴門市大麻町板東《ばんどう》③ＪＲ高徳線《たかとく》・板東駅から徒歩一五分④神武天皇の時代に天太玉命《あめのふとたまのみこと》の孫の天富命《あめのとみのみこと》が阿波《あわ》国を開拓し、麻の種を植えた。後に天富命の祖神の天太玉命を大麻比古大神としてまつったのが起源と伝えられている⑤事業発展、建築、交通安全⑥例大祭（十一月一日）。鳥居は四国最大を誇る。

九州地方の神社

●太宰府天満宮《だざいふてんまんぐう》

①菅原道真《すがわらのみちざね》②福岡県太宰府市宰府《さいふ》③JR鹿児島本線・二日市駅からバスで二〇分④左遷されて大宰府で憤死した道真の遺骸を葬った聖地に社殿を造営したのが起源。学問の神として全国に知られている。第7章一五一～一五二ページを参照⑤学業上達、旅行安全⑥おにすべ、鷽替《うそか》え神事（一月七日）、例大祭（九月二十五日）ほか。

●筥崎宮《はこざきぐう》

①応神《おうじん》天皇・神功《じんぐう》皇后・玉依姫命《たまよりひめのみこと》②福岡県福岡市東区箱崎③JR鹿児島本線・箱崎駅から徒歩三分④別名を筥崎八幡宮といい、宇佐《うさ》、石清水《いわしみず》と並ぶ日本三大八幡宮。古来、海上交通の守護神として信仰され、元寇《げんこう》の折の神風は当社の神徳といわれる⑤開運招来、商売繁盛、交通安全⑥例大祭（九月十五日）、放生会《ほうじょうえ》（九月十二日～十八日）。太い柱の独特な形をした筥崎鳥居が有名。

●香椎宮《かしいぐう》

①仲哀《ちゅうあい》天皇・神功《じんぐう》皇后②福岡県福岡市東区香椎③JR鹿児島本線・香椎駅から徒歩一五分④香椎の地は熊襲《くまそ》征伐のために筑紫《ちくし》（九州）に赴いた仲哀天皇と神功皇后が仮宮を置いて、皇軍の本営にしたところである。そのとき神懸りした神功皇后の託宣《たくせん》を信じなかったために、仲哀天皇は急に崩御《ほうぎょ》した。そこで、神功皇后が天皇の霊を慰めるために祠《ほこら》をまつったのが起源とされる。社伝によれば、奈良時代には大廟を造営したといい、古くは天皇陵《りょう》と同じ扱いを受けていた。平安時代の中ごろから神社としての扱いを受け、宇佐神宮に次ぐ社格が与えられた⑤天下

泰平、安産⑥例祭（四月中旬、十月中旬）。

●英彦《ひこ》山《さん》神宮《じんぐう》

①天忍穂耳尊《あまのおしほみみのみこと》・伊邪那《いざな》岐命《ぎのみこと》・伊邪那《いざな》美命《みのみこと》②福岡県田川郡添田町英彦山③JR日田彦山線・彦山駅からバスで二〇分、下車後、徒歩二〇分④祭神の天忍穂耳尊は日の神である天照大御神の御子。このことから「日の子の山（日子山）」といわれるようになり、嵯峨《さが》天皇、霊元《れいげん》天皇の勅によって英彦山とされた。古くから英彦山を御神体とする山岳信仰があった。平安時代以降は修験《しゅげん》道の道場として栄え、この山を根拠地とする山伏《やまぶし》の勢力も強かった⑤事業繁栄、家内安全。

●宇佐《うさ》神宮《じんぐう》

①応神《おうじん》天皇・比売大神《ひめのおおかみ》・息長帯姫命《おきながたらしひめのみこと》（神功皇后）②大分県宇佐市南宇佐③JR日豊本線・宇佐駅からバスで一〇分④欽明《きんめい》天皇の時代に八幡大神が出現し、神亀《じんき》二年（七二五）にこの地に鎮座したと伝えられる。早くから大和にもその霊験《れいげん》が知られていた。弓削道鏡《ゆげのどうきょう》が宇佐八幡の託宣《たくせん》を偽って皇位を狙ったときに、宇佐に遣わされた和気清麻呂《わけのきよまろ》は「臣《しん》を以て君《くん》とするは未だこれにあらず」という託宣を受けて、道鏡は失脚した。以来、朝廷の信任はいっそう篤くなり、宇佐八幡への信仰も盛んになった。第7章一五五～一五六ページを参照⑤福徳愛敬、交通安全、安産、教育⑥風除報賽祭《ふうじょほうさいさい》（十月二十日～二十一日）。

●阿蘇《あそ》神社《じんじゃ》

①健磐龍命《たけいわたつのみこと》・阿蘇《あそ》都媛命《つひめのみこと》ほか十座②熊本県阿蘇郡一の宮町③JR豊肥《ほうひ》線・宮地駅から徒歩一五分④主祭神の健磐龍命は神武天皇の第二皇子の御子で、皇位継承の候補者だったが、第三皇子が皇位についたため、天皇になることができなかった人物である。

その健磐龍命の一族をまつっている⑤交通安全、学業成就、縁結び、厄除け。

●鵜戸神宮《うどじんぐう》

①日子《ひこ》波瀲《なぎさ》武《たけ》鸕《う》鷀《がや》草《ふ》葺《き》不合尊《あえずのみこと》②宮崎県日南市大字宮浦③JR日豊本線・宮崎駅からバスで一時間④創建は崇神《すじん》天皇（紀元前一世紀）の時代とも伝えられる。奈良時代の末に天台宗の僧、光喜坊快久《こうきぼうかいきゅう》が勅命によって寺院を建立し、その後、神仏習合の修験道《しゅげんどう》の道場として栄えた。明治の神仏分離によって寺院を廃し、鵜戸神宮とした⑤夫婦和合、安産、芸道上達⑥例大祭（二月一日）、神幸祭ほか。剣法や筑《ちく》前《ぜん》・薩摩《さつま》琵琶などで知られる。

●高千穂神社《たかちほじんじゃ》

①天津《あまつ》彦彦火瓊瓊杵尊《ひこひこほのににぎのみこと》ほか②宮崎県西臼杵《うすき》郡高千穂町三田井《みたい》③高千穂鉄道・高千穂駅から徒歩二〇分④天孫降臨の地として知られる高千穂郷の中央に鎮座し、高千穂郷八十八社の総鎮守として崇敬されてきた。創祀は垂仁《すいにん》天皇（三世紀後半）の時代といわれ、長らく「三田井神社」と称していたが、明治になって現名に改めた⑤家内安全。

●宮崎神宮《みやざきじんぐう》

①神武天皇・鵜《う》葺《が》草《や》葺不合尊《ふきあえずのみこと》・玉依日売命《たまよりひめのみこと》②宮崎県宮崎市神宮③JR日豊本線・宮崎駅からバスで一五分④創祀は太古にさかのぼると考えられるが、詳細は不明。神武天皇を祭神とすることから、明治以降に脚光を浴び、明治十八年（一八八五）には官幣大《かんぺいたい》社《しゃ》となった⑤勝利成功、延命長寿⑥例大祭（十月）。樹齢六百年を超える白藤が見事。

●鎮西大社諏訪神社《ちんぜいたいしゃすわじんじゃ》

①建御名方命《たけみなかたのみこと》・八坂刀売命《やさかとめのみこと》・森崎大神《もりさきのおおかみ》・住吉大神《すみよしのおおかみ》

②長崎県長崎市上西山町③ＪＲ長崎本線・長崎駅から市電・諏訪神社前駅で下車④長崎は戦国時代にキリシタンの支配を受けて、多くの社寺が焼き払われた。江戸時代にキリシタンが禁教となった後に、領内の諏訪神社、森崎神社、住吉神社を合祀したのが起源⑤五穀豊穣、夫婦円満⑥例大祭（「長崎くんち」、六月）。

●霧島神宮《きりしまじんぐう》

①瓊瓊杵尊《ににぎのみこと》②鹿児島県姶良《あいら》郡霧島町③ＪＲ日豊本線・霧島神宮駅からバスで一五分④天孫降臨の地、高千穂峰《たかちほのみね》の南西に鎮座。社殿は正徳《しょうとく》五年（一七一五）の造営。鹿児島を代表する神社建築で、重要文化財に指定されている⑤国家安泰、家内安全⑥お田植祭（三月）、御神火祭（十一月）。

●波上宮《なみのうえぐう》

①伊邪那岐命《いざなぎのみこと》・速玉男尊《はやたまおのみこと》・事解男尊《ことさかおのみこと》②沖縄県那覇《なは》市若狭③県庁前からバスで一〇分④創祀年代は不詳だが、南風原《はえばる》の者が大漁の霊験を現わす石を拾い、これをまつったのを起源とする。後に琉球《りゅうきゅう》王朝の総鎮守として琉球八社の筆頭に上げられ、明治時代になって官幣小社に列せられた。祭神は黒潮に乗って漂着した熊野系⑤国土安穏⑥例祭（「波上祭《なんみーさい》」、五月十七日）。

〈参考文献〉

「古代の神社建築」(「日本の美術」81号、稲垣栄三編、至文堂)
『日本建築史図集』(日本建築学会編、彰国社)
『古建築の細部意匠』(近藤豊著、大河出版)
『日本の神社を知る事典』(菅田正昭著、日本文芸社)
『神道の世界——神社と祭り』(真弓常忠著、朱鷺書房)
『日本の神様を知る事典』(安部正路監修、日本文芸社)
『八幡信仰』(中野幡能著、雄山閣)
『寺院・神社・住宅の見学必携〈総合編〉』(下村健治著、修成学園出版局)
『古建築のみかた図典』(前久夫著、東京美術)
『神道の本』(ブックス・エソテリカ第2号、学習研究社)
『古事記』(倉野憲司校注、岩波書店)
『国史大辞典』(吉川弘文館)
……ほか

瓜生　中（うりゅう　なか）

1954年、東京に生まれる。早稲田大学大学院修了。東洋哲学専攻。仏教・インド思想関係の研究、執筆活動を行ない、現在に至る。著書に『仏像がよくわかる本』『死んだら何処へ行くのか』『やさしい般若心経』『古建築の見方・楽しみ方』（以上、PHP研究所）、『古寺社巡りの愉しみ』（KKベストセラーズ）、『仏教入門』（大阪創元社）、共著に『般若心経の世界』（日本文芸社）、『名僧の生死観』（佼成出版社）、『仏像入門』（大阪創元社）などがある。

装丁　亀海昌次
装画　小野寺美恵
写真提供　矢野建彦　横山健蔵
三重県東京事務所　島根県東京事務所
図版提供　（財）宗教文化研究所
図版制作　（株）広研
本文イラスト　大山高寛
編集協力　（株）元気工房
編集　福島広司　鈴木恵美　飯島恭子（幻冬舎）

知識ゼロからの　神社と祭り入門

2003年１月30日　第１刷発行
2008年10月１日　第７刷発行

著　者　瓜生　中
発行者　見城　徹

発行所　株式会社 幻冬舎
〒151-0051　東京都渋谷区千駄ヶ谷4-9-7
電話　03-5411-6211（編集）　03-5411-6222（営業）
振替　00120-8-767643
印刷・製本所　株式会社 光邦

検印廃止

ISBN4-344-90042-1 C2076
Printed in Japan
幻冬舎ホームページアドレス　http://www.gentosha.co.jp/
この本に関するご意見・ご感想をメールでお寄せいただく場合は、comment@gentosha.co.jpまで。